Carl-Auer

Christina Spaller und Andrea Tippe

Einführung in die Rangdynamik

2024

Umschlaggestaltung: Uwe Göbel
Redaktion: Veronika Licher
Satz: Verlagsservice Hegele, Heiligkreuzsteinach
Printed in Germany
Druck und Bindung: CPI books GmbH, Leck

MIX
Papier | Fördert gute Waldnutzung
FSC® C083411
klimaneutral
Mehr Bäume. Weniger CO_2

Erste Auflage, 2024
ISBN 978-3-8497-0549-7 (Printausgabe)
ISBN 978-3-8497-8502-4 (ePUB)

Bibliografische Information der Deutschen Nationalbibliothek:
Die Deutsche Nationalbibliothek verzeichnet diese Publikation in der Deutschen Nationalbibliografie; detaillierte bibliografische Daten sind im Internet über http://dnb.d-nb.de abrufbar.

Informationen zu unserem gesamten Programm, unseren Autoren und zum Verlag finden Sie unter: **https://www.carl-auer.de/**.
Dort können Sie auch unseren Newsletter abonnieren.

Carl-Auer Verlag GmbH
Vangerowstraße 14 • 69115 Heidelberg
Tel. +49 6221 6438-0 • Fax +49 6221 6438-22
info@carl-auer.de

Inhalt

Einleitung

Was haben wir miteinander zu tun? Entdecken wir etwas Verbindendes? Wie finden wir das Gemeinsame, obwohl vieles an anderen und letztlich in uns selbst fremd scheint und uns befremdet? Wie findet sich ein Wir, in dem das fremd Erscheinende einen wirkungsvollen Platz erhält? Als gruppendynamisch Forschende zur gesellschaftlichen Kraft von Gruppen begeben wir uns immer wieder auf die Suche nach möglichen Antworten, unter anderem mithilfe des *Rangdynamikmodells.* Es gibt eine Vielfalt an Fachliteratur, in der das Modell als Erklärung zur Dynamik von Gruppen vereinfacht dargestellt wird, als gäbe es etwas Magisches in Gruppen, das sich wie von selbst wiederholt und herstellt. Damit wird in einer Rezeption die dynamische Komplexität des Rangdynamikmodells verflacht und die Möglichkeiten, damit in Gruppen zu arbeiten, werden reduziert. Es scheint bei einer eingehenden Lektüre der Originaltexte zum Modell, als ob Rezeption und Interpretation nicht fertig würden. Vielleicht ist das Nie-enden-Wollende auch passend, weil das prozesshaft Unabgeschlossene aufmerksam und lebendiger werden lässt, zu grundlegenden Fragen eines neuen Wir-Verhältnisses in der Jetztzeit. Das wäre sicher im Sinn der Entwickler:innen des Rangdynamikmodells.

Durch das vorliegende Praxisbuch sollen Beratende, Lehrende, Begleitende, Mitarbeitende, Leitende, Betroffene und Beteiligte angeregt werden, sich mit dem Rangdynamikmodell und seiner praktischen Anwendung auseinanderzusetzen. Die Quintessenz des Modells beinhaltet, unserer Sichtweise nach, den Respekt gegenüber Unterschieden, wie sie sich in lebendigen kollektiven Prozessen strukturell entwickeln. Wir verstehen dieses Praxisbuch deshalb als aktiven Beitrag, den anderen oder die andere immer wieder zu finden, als Teil von uns, gerade in Zeiten, da Demokratieprozesse schmerzhaft infrage gestellt werden.

Wie dieses Buch entstand

Jedes Buch hat seine Geschichte, Umwege, Stolpersteine und Mitgestaltende. Gemeinsam mit Ursula Margreiter, Judith Lamatsch, Konrad Wirnschimmel, Ingrid Krafft-Ebing und Michael Ertl erarbeiteten wir von 2013 bis 2016 eine Sammlung aller Publikationen Raoul Schindlers, mit dem Ziel, ausgewählte Originaltexte zugänglich zu machen, um eine Re-Lektüre des Modells zu ermöglichen. 2016 erschien im Psychosozial-Verlag der Sammelband *Raoul Schindler: Das lebendige Gefüge der Gruppe. Ausgewählte Schriften.*

In einem kontinuierlich stattfindenden Lesekreis mit gruppendynamischen Kolleginnen und Kollegen aus dem Österreichischen Arbeitskreis für Gruppentherapie und Gruppendynamik (ÖAGG), namentlich Jutta Überacker, Dominik Pesendorfer und Katharina Warta, diskutierten wir gemeinsam die neu publizierten Originaltexte. Die Herausforderung war, die Sprache des vorigen Jahrhunderts zugänglich zu machen, auch um das Modell in unseren beruflichen Feldern verständlicher vermitteln zu können. Vorträge bei Tops München-Berlin e.V. sowie auf einer Tagung der Deutschen Gesellschaft für Gruppendynamik und Organisationsdynamik (DGGO) und der Österreichischen Gesellschaft für Gruppendynamik und Organisationsberatung (ÖGGO) folgten, zu denen Karl Schattenhofer uns eingeladen hatte, dem wir aus dem kollegialen diskursiven Interesse gern nachkamen. Bei gruppendynamischen Theorie-Werkstätten im ÖAGG diskutierten wir das bisher Erarbeitete mit Ausbildungskandidat:innen der Gruppendynamik und erstellten Fragen für die Praxis der Rangdynamik. Bei dieser vielfältigen diskursiven Re-Lektüre blieb immer wieder etwas am Verstehen des Modells offen.

Das Rangdynamikmodell selbst wurde von Raoul Schindler nie in einer finalen Fassung definiert. So enthält der Sammelband unterschiedlichste Varianten und Aspekte des Modells aus den Jahren 1952 bis 2008. Die Originaltexte sind durchaus sperrig und widersprüchlich, so manch interessierte Praktikerin bzw. interessierter Praktiker blieb nach der Re-Lektüre mit der Frage zurück, was nun mit diesen Erkenntnissen praktisch zu machen sei. Schindler selbst meinte immer wieder: Wie verstehst du das Modell? Wir nehmen nun diese Frage auf und zeigen unser praktisches Verständnis des Rangdynamikmodells, um es weiter ins Gespräch zu bringen.

Wie dieses Buch lesen?

Grundsätzlich beginnt die Einführung mit dem Entstehungskontext des Modells, führt über eine Darlegung bis hin zur aktuellen praktischen Anwendung. Wir haben uns entschieden, bei der Darstellung des Modells die Positionsformel – den vielfach bekannten Teil des Modells mit den Rangpositionen und der Position eines Gegners – in Anlehnung an Raoul Schindler als These 2 einzuführen (z. B. Schindler 1968a) und ihr die eher unbedachte, im Laufe der Zeit beiläufig entwickelte These 1 voranzustellen. Diese Vorgangsweise birgt eine Herausforderung bei der Lektüre dieser Einführung, denn Schindler verwendet bei der Darlegung von These 1 Begriffe, die er mit der zuvor entwickelten Positionsformel in die Diskussion eingeführt hat. Um diesbezüglich die Lektüre zu erleichtern, haben wir ein Glossar an das Ende des Buches gestellt und empfehlen jenen, für die das Modell neu ist, sich zu Beginn der Lektüre mit der Positionsformel (siehe Abschnitt 3.3) vertraut zu machen. Indem wir bei der Darlegung mit These 1 beginnen, setzen wir der oft verkürzten bzw. reduzierten Leseweise des Modells eine notwendige Differenzierung voran.

Zur Einordnung

Das Rangdynamikmodell wurde im psychiatrisch-therapeutischen Kontext entwickelt und in diversen Feldern angewendet und verfeinert. Wir lesen das Modell vorwiegend in seiner gruppendynamischen Bedeutung und seiner Anwendung in der Arbeit mit Gruppen. Unter Gruppendynamik verstehen wir

1) das Kräftespiel zwischen Individuen, das entsteht, wenn Individuen sich in gruppalen Kontexten aufeinander beziehen und konkrete Bezogenheiten entwickeln. Es handelt sich um eine latente Ebene, die die Beteiligten wie nebenbei gemeinsam instand setzen und deren Wirkung sie spüren. Die Dynamiken, wie sie hier entwickelt werden, beeinflussen die manifeste Ebene, u. a. die Zusammenarbeit der Mitglieder, Arbeitsprozesse, Arbeitsleistung, Struktur sowie Zielerreichung.
2) Diese dynamischen Prozesse werden wissenschaftlich erforscht und in gruppendynamischen Theorien und Modellen festgeschrieben. Als solche sind sie sozialwissenschaftlichen Disziplinen zugeordnet.
3) Diese Kenntnisse werden für Lernprozesse in sogenannten gruppendynamischen Trainings angewendet mit dem Ziel, soziales Lernen und Verhaltensänderungen anzustoßen (König u. Schattenhofer 2022, S. 12 f.). Außerdem dienen sie beispielsweise Trainer:innen, Berater:innen, Pädagog:innen in ihrer Arbeit mit Gruppen.

Für das vorliegende Modell bedeuten diese drei Ebenen: Raoul Schindler hat in der konkreten Arbeit mit Gruppen ein sich wiederholendes Muster eines Kräftespiels, das er als »das bewegte Gefüge des lebendigen Hintergrunds« (Schindler 1999, S. 286) benennt, beobachtet und überprüft. In einem nächsten Schritt abstrahierte er Erlebtes, leitete eine Essenz ab, publizierte das Modell in zwei Thesen und beteiligte sich an der Theoriebildung. Dieses Theoriemodell wurde und wird wiederum in der Arbeit mit Gruppen praktisch genützt, um Dynamiken wahrzunehmen und zu verstehen. Es kann dazu verwendet werden, gezielt Verhaltensweisen anzustoßen und Interventionen einzusetzen. Es braucht jedoch eine Übersetzungsleistung jener, die auf das Modell in ihrer praktischen Arbeit zurückgreifen.

Was Sie in diesem Buch erwartet

Das Praxisbuch ist in vier größere Kapitel gegliedert. In Kapitel 2 finden Sie die Entwicklungsgeschichte des Rangdynamikmodells. Wir stellen den historischen Hintergrund, die Entstehungsbedingungen der Erforschung desselben vor. Jedes Theoriemodell wird zu einer bestimmten gesellschaftlichen Zeit entwickelt, diese Quersicht ermöglicht die Einordnung des Forschungsprozesses und der Fragestellung, wie sie sich nur zu diesem Zeitpunkt stellen konnte.

Es schließt im Kapitel 3 die Darlegung der Essenz des Rangdynamikmodells an. Die zwei aufeinander aufbauenden Grundthesen des Modells, die These der kollektiven Bezogenheiten und die These der Positionsformel, stehen im Mittelpunkt.

Darauf folgt im Kapitel 4 eine Differenzierung von grundlegenden Begriffen für die Praxis, damit gewinnt die Grenzziehung des Modells an Schärfe und Praktikabilität.

Im Kapitel 5 lesen Sie über die Möglichkeiten einer Interventionspraxis des Rangdynamikmodells: Welcher Beobachtungsfokus wird durch das Modell möglich? Wie wird eine rangdynamische Diagnose erstellt? Welche Möglichkeiten von Interventionen für die Praxis mit und in kollektiven Formationen ergeben sich daraus? Dabei stellen wir unsere bisher entwickelten Praxishilfen, wie wir sie anwenden, vor.

Das Buch schließt mit einem rangdynamischen Glossar, das während der Lektüre zur Orientierung verwendet werden kann. Zur besseren Lesbarkeit zählt auch unsere Entscheidung, die neue Rechtschreibung in den Originalzitaten anzuwenden.

In diesem Sinn laden wir Sie zu einer praktischen Anwendung des Buches ein.

Angereichert durch die Reflexion und verschiedene Interventionsmöglichkeiten in der konkreten Arbeit hoffen wir auf Praktikabilität im Umgang mit dem Rangdynamikmodell. Denn wenn die Begegnung mit den anderen gelingen soll, müssen die zahlreichen Interventionsmöglichkeiten ausgeschöpft werden können, um den Diskurs um das Gemeinsame nicht enden zu lassen. Das wäre unser Standpunkt zum Rangdynamikmodell. Es eröffnet eine praktische Seite des Umgangs mit strukturellen Mechanismen von Mehrheit und Minderheit. Und zeigt gleichzeitig auf, wie man in solchen Verhältnissen auf Augenhöhe in einem demokratisch orientierten Alltag intervenieren könnte. Insofern sind auch wir mit dem Omega noch lange nicht fertig.

Dank

Wir bedanken uns bei Ursula Margreiter für die wiederholte Bestärkung, diese Einführung zu schreiben. Das Manuskript gelesen und kritisch kommentiert haben Lilli Lehner, Julia Rappich und Reinhard Larcher, denen wir für ihre Anregungen danken. Veronika Licher hat uns als Lektorin begleitet, beraten und das Manuskript in ein Buch verwandelt – herzlichen Dank. Unser Dank gilt auch Fritz Simon, der dieses Projekt befürwortet hat, sowie dem Team des Carl-Auer Verlags, speziell Alexander Eckerlin und Ralf Holtzmann für die gute Zusammenarbeit, Motivation und Geduld.

Linz, im Februar 2024
Christina Spaller und Andrea Tippe

1 Vom Anfang: Die Entwicklungsgeschichte des Rangdynamikmodells

Das Rangdynamikmodell lenkt den Blick auf die Soziodynamik unterschiedlichster kollektiver Formationen. Es beinhaltet bestimmte Prinzipien für ein geordnetes Beobachten und Erklären einer Sicht auf Gruppen. Das Modell schafft dadurch Erkenntnisse, welche wiederum für die Entwicklung von Kollektiven eingesetzt werden können. Die Entwicklungsgeschichte des Modells ist in die 1950er- und 1960er-Jahre des vorigen Jahrhunderts in Wien eingebettet, eine Zeit, in der sich emanzipatorische Ansprüche in und an Institutionen abzeichnen, um eine Demokratisierung von Gesellschaft zu ermöglichen. Die historischen Grundlagen des Modells wurden im klinischen Feld der Psychiatrie entwickelt, die folgende Forschungsarbeit zum Rangdynamikmodell hat zu Weiterentwicklungen in anderen Feldern und Arbeitsbereichen geführt.

1.1 Zum Hintergrund der Rangdynamik-Forschung

Das Modell der Rangdynamik nimmt seinen Anfang in der Gruppenarbeit von Ärztinnen bzw. Ärzten mit Personen mit schizophrener Krankheit an der psychiatrischen Abteilung der Wiener Universitätsklinik in den 50er-Jahren des 20. Jahrhunderts und dem steigenden Interesse an Gruppenprozessen in dieser Zeit. Die Ursachen schizophrener Erkrankungen waren international im Gespräch. Widerstreitende Positionen kennzeichneten die medizinische und interdisziplinäre Diskussion. Eine Position vertrat die Auffassung, dass die Ursachen der Erkrankung ausschließlich genetisch bedingt seien, und setzte demnach auf eine somatische Behandlung, beispielsweise Psychopharmaka, Elektro- oder Insulinschockbehandlung sowie Neurochirurgie (Schindler 1960a, S. 143). Ihr gegenüber erhoben jene Mediziner:innen ihre Stimme, die mit Blick auf psychotherapeutische und psychoanalytische Ansätze die Ursachen von Schizophrenie stärker in der Persönlichkeitsentwicklung wie auch dem sozialen Umfeld der Patientinnen und Patienten verorteten. Ihnen eröffnete sich neben einer somatischen Behandlung ein weiteres Feld möglicher Heil- oder Rehabilitationsverfahren mit den zu Behandelnden.

Auf diesem Hintergrund fanden an der psychiatrischen Abteilung der Wiener Universitätsklinik neue Therapieprozesse statt, in deren Zentrum die *multifaktorielle Genese* für schizophrene Erkrankungen entwickelt wurde (Gastager 1965, S. 25 f.). Genetische Ursachen wurden dabei nicht mehr als alleinige Auslöser angesehen, sondern die Persönlichkeitsentwicklung unter Einbeziehung der sozial konflikthaften Situationen der Patientinnen und Patienten erhoben und bei der Entwicklung von konkreten Diagnosen berücksichtigt. Ein Zusammenspiel von drei Diagnoseebenen etablierte sich als »Wiener Position« (Gastager 1965, S. 73–77):

- eine psychiatrische Diagnose, die sich auf den Krankheitsverlauf, also die Krankheitsfaktoren bezog;
- eine psychodynamische Diagnose, die die Persönlichkeitsentwicklung von Menschen mit schizophrener Beeinträchtigung in den Blick nahm;
- eine soziodynamische Diagnose, die den Fokus auf die soziale Eingebundenheit der zu Behandelnden richtete.

Entlang dieser Diagnosen wurden neben der somatischen Behandlung neue psycho- und soziotherapeutische Behandlungsformen entwickelt. Die psychiatrische sowie die psychodynamische Diagnose forderten eine Arbeit mit den Patientinnen und Patienten entlang präziser Beobachtungen, d. h. dem akuten Krankheitsverlauf und der konkreten Verfasstheit der betroffenen Menschen. Die soziodynamische Diagnose erweiterte den Blick auf das soziale Umfeld, das es aus Sicht der Mediziner:innen parallel zum stationären Aufenthalt zu behandeln galt, denn dieses musste für die Rückkehr und Aufnahme der Patientinnen und Patienten vorbereitet werden. Die Aufgabe des Umfeldes war, eine adäquate integrierende Konstellation und Atmosphäre herzustellen (vgl. Gastager 1965; Gastager u. Schindler 1963).

Damit kristallisierte sich ein zweifacher Fokus in der Behandlung für Menschen mit schizophrener Beeinträchtigung heraus: eine therapeutische Arbeit mit den betroffenen Menschen und zeitgleich dazu eine therapeutische Arbeit mit dem familiären Umfeld.

So wurde ab 1946/47 als klinisches Setting die sogenannte *bifokale Familientherapie* entwickelt und hinsichtlich ihrer Wirkung professionell vom Therapieteam beobachtet, reflektiert und evaluiert. Beteiligt daran waren Mediziner:innen der Abteilung, die namentlich in Ausführungen von Raoul Schindler genannt wurden: Dr. Gastager, Dr. Frühmann, Dr.in Bründlmayer, Dr.in Hift (Schindler 1957d, S. 385). Gemeinsam war ihnen die Ablehnung der explizit genetischen Verortung von psychischer Beeinträchtigung und die Einbeziehung psychodynamischer und sozialer Faktoren in die Pathogenese und Diagnose. 1952 publizierten aus der Mediziner:innengruppe zu ihren Therapieerfahrungen Otto H. Arnold und Raoul Schindler den Artikel *Bifokale Gruppentherapie bei Schizophrenen.* In diesem Text unterschieden sie verschiedene Formenkreise schizophrener Erkrankungen, von denen ihrer Meinung nach einige nicht ausschließlich genetisch bedingt waren, und stellten erstmals die Schritte der bifokalen Gruppentherapie vor. Fünf Jahre später relativierte Schindler in einer weiteren Publikation (1957c) einmal mehr die Bedeutung eines genetischen Erbfaktors, indem er diesen lediglich als eine Vorstufe der Erkrankung oder als eine mögliche Disposition benannte. Dieser Disposition schrieb er für den eigentlichen Krankheitsverlauf und damit die Manifestation der Erkrankung »in Relation zu einem Umwelteinfluss und dessen Verarbeitbarkeit durch das Individuum« (Schindler 1957c, S. 148) wenig Bedeutung zu. Die sozialen Einflüsse und deren individuelle Verarbeitung waren für ihn maßgeblich für eine Erkrankung.

Wenn nun eine schizophrene Beeinträchtigung nicht länger (nur) genetisch bedingt war, brauchte es eine neue Idee für das Behandlungsziel. In der Folge löste der Begriff *Rehabilitation* den Begriff *Heilung* ab. Gemeint war damit: Menschen mit schizophrenen Krankheitsverläufen sollten bestmöglich unterstützt und in die Lage versetzt werden, in sozialer Gemeinschaft größtmöglich eigenständig zu leben und ein selbstbestimmtes Leben zu führen. Das Kriterium erfolgreicher Behandlung war die Fähigkeit, sich in gesellschaftlichen Abläufen selbstständig verhalten zu können, sozial eingegliedert und aktiver Teil der Gesellschaft zu sein (Gastager u. Schindler 1961).

Damit war die (Wieder-)Erlangung einer sozialen Eingebundenheit, die Integration in die Gesellschaft unabhängig von möglichen Dispositionen das neue Behandlungsziel.

Raoul Schindler (Wien, 1923–2014) hat gemeinsam mit Kolleginnen und Kollegen aus Psychiatrie, Psychoanalyse, Gruppendynamik und Psychotherapie das gruppendynamische Rangdynamikmodell erforscht, beschrieben und formuliert. Schindler arbeitete als Assistenzarzt an der Wiener Psychiatrischen Universitätsklinik, war lehrend als Psychoanalytiker tätig und Leiter des Referats Psychohygiene des Gesundheitsamtes der Stadt Wien. Als Primarius (Chefarzt) der Pavillons 24, 25 und 26 des Otto-Wagner-Spitals führte er in den frühen 1960er-Jahren moderne klinische Arbeitsmethoden sowie Parlamente und ein Café für Patientinnen und Patienten ein. Er initiierte zahlreiche Projekte, Interessengruppierungen und Vereine, darunter den ÖAGG, pro mente Wien, die Gesellschaft Österreichischer Psychotherapeutinnen bzw. -therapeuten und die Gruppendynamikseminare Alpbach. Er war sozialpolitisch aktiv und wirkte führend an der Psychiatriereform sowie am Psychotherapiegesetz mit;

zudem engagierte er sich an mehreren internationalen und europäischen Vereinigungen der Gruppentherapie, Gruppendynamik und Gruppenpsychoanalyse. Ein tragendes Motto seiner Arbeit mit dem Rangdynamikmodell war es, eine Begegnung mit der innovativen Kraft der Position des *Letzten der Gruppe* zu ermöglichen. Das führte ihn selbst zu unorthodoxen Interventionen, die die Vielstimmigkeit der jeweiligen gesellschaftlichen Gruppierung zum Erklingen brachten (Lamatsch u. Tippe 2016).

1.2 Die ersten Muster des Rangdynamikmodells werden entdeckt

Im Rahmen der ärztlichen Fallbesprechungen und der Fallreflexion zur bifokalen Familientherapie werden unerwartet sich wiederholende Muster von sozialen Positionierungen in stationären und familiären Gruppierungen erkannt.

a) Psychodynamische Diagnose: Eine schwache Ich-Entwicklung

Schindler und Kolleginnen bzw. Kollegen diagnostizierten bei Menschen mit schizophrenem Krankheitsbild eine Ich-Schwäche oder schwache Ich-Entwicklung, die durch die Familie bedingt werde und durch die die betroffenen Menschen innerhalb des familiären Kontextes in einer Regression verblieben. Diese führte zu einer fehlenden Emanzipation aus der Familiengruppe und dadurch zur Einengung der Persönlichkeitsentwicklung.

> »Diese Pat. waren in ihrer aus der Frühentwicklung und familiären Konstellation determinierten Persönlichkeitsart den Gegebenheiten der aktuellen Daseinssituation eben noch nicht oder nicht mehr gewachsen« (Arnold u. Schindler 1952, S. 59),

resümieren Arnold und Schindler ihre Beobachtung.

Die Begriffe der Ich-Schwäche und Regression und die damit verbundenen Vorstellungen entstammten der psychoanalytischen Theorie, in der sich die Entwicklung des Ich gegenüber dem Es (Trieben, Lustprinzip) sowie dem Über-Ich (kulturell gesetzte Normen) vollzieht. Denn die

> »Entwicklung des Ich […] erfolgt aus einer noch ›undifferenzierten Phase‹ aus dem Zusammenwirken der Einflüsse der Primärtriebe, der Realitätseinwirkung und angeborener Ich-Charakteristika« (Schindler 1960b, S. 342).

Hier wird deutlich, dass der Zugang des Rangdynamikmodells in der psychoanalytischen Theorie verortet ist. Diese bot mit ihren Begrifflichkeiten eine andere als die bisherige medizinische Sichtweise an, sich der Erkrankung zu nähern, diese zu erkunden und zu interpretieren.

b) Psychiatrische Diagnose: Akute psychotische Schübe und Veränderungsdynamiken

Von Interesse war der Zeitpunkt akuter psychotischer Schübe. Es wurde festgehalten, (1) dass Patientinnen und Patienten nach einer erfolgreichen somatischen Behandlung kurz vor beziehungsweise kurz nach der Entlassung aus der Klinik in den familiären Kontext überraschend und entgegen den Prognosen der behandelnden Mediziner:innen rückfällig wurden (Arnold u. Schindler 1952, S. 59); (2) dass Personen mit akut schizophrenen Störungen in die Klinik aufgenommen wurden, wenn Veränderungen im Familiengefüge stattfanden oder erwartbar waren. Auslöser konnten beispielsweise der Eintritt eines Mitglieds in die Pubertät, eine Eheschließung oder der Verlust eines Mitglieds sein. Eine akut psychotische Erkrankung ließ sich somit als Antwort auf eine tatsächliche oder absehbare Veränderung des gewohnten und stabilen Zueinanders der Familienmitglieder lesen. Mit diesen Beobachtungen rückte die Familiendynamik in den Fokus der Aufmerksamkeit und legte die Vermutung nahe, dass im sozialen Gefüge der Familie ein die Psychose aktualisierender Konflikt zu finden wäre.

c) Soziodynamische Diagnose: Das familiäre Umfeld und die fixierte Rollenverteilung

Sowohl die psychodynamische Verfasstheit, also die fehlende Ich-Entwicklung und das Verhaftetsein in der Herkunftsfamilie, als auch die Bedeutung des familiären Kontextes bei akuten Schüben richten den Blick auf die Familienstruktur und

-dynamik. Familie als Gruppenart, d. h. in den Bezogenheiten der Mitglieder zueinander, wird Gegenstand der Untersuchung. Wie ist sie verfasst? Was lässt sich festhalten? Was ist der Konflikt?

Bei diesen Nachforschungen taucht der Begriff *Familiengleichgewicht* auf und wird bedeutsam. Familiengleichgewicht benennt ein inneres Gleichgewicht der Familienmitglieder zueinander, ein eingespieltes Zueinander, das der Gruppe eine innere Struktur verleiht. Gemeinsam, wenn auch nicht von allen Beteiligten im selben Ausmaß, wird eine allseits akzeptierte Rollenverteilung entwickelt (Schindler 1955, S. 83), die die Personen im Zueinander festlegt, beruhigt und stabilisiert. Nun ist deutlich, was von wem in der Runde zu erwarten ist, wer man zueinander ist, wie die Bezogenheiten und die damit einhergehenden Affekte laufen etc. Dieses Gleichgewicht spielt sich wie selbsttätig ein (Arnold u. Schindler 1952, S. 60) und folgt keinen bewussten Bestrebungen (Arnold u. Schindler 1952, S. 64).

Doch dieses Gleichgewicht bedeutet nicht, dass alle in der Familiengruppe dieselbe Gewichtigkeit haben, quasi die Gruppe rund wäre, sondern dass das Gewebe der Bezogenheiten speziell austariert und in Balance ist. In dieser Balance sind einige gewichtiger als andere, haben mehr oder weniger Einfluss und Bedeutsamkeit im gemeinsamen Tun. In und durch dieses Gleichgewicht erhalten die Mitglieder im Rahmen der Gruppe einen Stellenwert respektive einen Rang, der wie selbstverständlich hingenommen wird (Arnold u. Schindler 1952, S.60).

In diese innere Struktur sind Affekte der Mitglieder zueinander eingeschrieben, sodass Schindler diese Balance auch als ein affektives Gleichgewicht (Schindler 1959, S. 127) oder als ein »Phänomen in eine kollektive Struktur gebundener Übertragungen« (Schindler 1955, S. 85) benennt. Affekte sind Gestimmtheiten, die hervorgerufen werden von einem Objekt und auf dieses mit der Intention einer Aktivität zurückkehren (siehe den nachfolgenden Exkurs zu Affekt und Übertragung). Diese intensiven Gestimmtheiten binden die betreffenden Menschen aneinander, halten sie zueinander in Spannung. Sie sind einander nicht gleichgültig, sondern in der Bezugnahme affektiv miteinander verbunden. Die Affekte begleiten und tragen die Rollenverteilung, sind in diese eingeschrieben. Sie sind gleichsam der Kitt, der die Bezogenheiten zusammenhält und es schwierig macht, sich leichtfertig voneinander zu lösen.

Beide Momente, die sich wie selbsttätig einspielende Rollenverteilung sowie auch die Affektdynamik, werden von der dominanten oder gruppenstärksten Position gegenüber anderen maßgeblich beeinflusst und getragen.

Exkurs: Affekt und Übertragung

1. Affekt ist mehr als ein Gefühl

Im Artikel *Übertragungsbildung und Übertragungsführung in der Psychotherapie mit Schizophrenen* (1955) bezeichnet Schindler den Affekt als »Stimmungsgehalt« (S. 79). Ein Affekt setzt sich aus zwei Momenten zusammen: Zum einen ist er ein »innerpsychischer Wahrnehmungsgegenstand, also eine Art Gefühl, zum anderen aber Intention einer Aktivität, also ein Wille« (ebd., S. 79). Ein Affekt ist damit mehr als ein Gefühl. Er wird hervorgerufen von einem Objekt (etwas, das außerhalb der Person ist) und ist gerichtet auf dieses Objekt hin. D. h., es braucht etwas, das erlebt oder wahrgenommen wird, das eine Gestimmtheit hervorruft, die mit einem Impuls, einem Willen zur Aktivität verbunden ist. Dies bringt die Person in Spannung zu dem anderen. Affekte sind somit an Erlebnisobjekte gebunden und verbinden das Eigene mit dem anderen. Nur wenn etwas berührt und eine:n nicht unbeteiligt lässt, tritt ein Affekt auf und macht deutlich, dass es eine:n etwas angeht. Dies schafft eine spannungsvolle Verbindung.

Schindler unterscheidet zwischen einem echten und einem übertragenen Affekt. Bei einem echten Affekt kommt es zu einer tatsächlichen Berührung oder Begegnung zwischen dem Eigenen und dem Objekt. Das Objekt (das Andere) löst im Subjekt einen Affekt aus, der auf das Andere trifft, es betrifft oder auf dieses antwortet. Es ist eine Form der Resonanz und doch mehr.

Demgegenüber verknüpft ein übertragener Affekt den Stimmungsgehalt eines nicht anwesenden Objekts mit einem aktuellen Objekt, d. h. »im Erlebnisvollzug [... werden ...] Stimmungsgehalte, sogenannte Affekte, von einem Objekt des Erlebens auf ein anderes verschoben, eben ›übertragen‹« (Schindler 1955, S. 79). Es kommt zu einer Verschiebung, zu einem Irrtum in Raum und Zeit: Konkret Erlebtes ruft einen Affekt von anderswoher wach. Dieser alte Affekt wird mit dem aktuellen Objekt verbunden, an dieses gebunden. Beispielsweise erinnert eine neue Person an eine Freundin und dies löst den bekannten (mit der Freundin verbundenen) Impuls aus. Dieser wird auf die neue Person übertragen, sodass sie eine Zuwendung erfährt, die zu einer anderen Beziehung gehört. Oder von einem Elternteil werden nicht erfüllte Zukunftsfantasien auf ein Kind übertragen. Dies können Erwartungsvorstellungen an das Kind sein, die sich oft aus dem eigenen Versagen oder Misserfolg herleiten. Dadurch wird das Kind indirekt beauftragt, etwas für die Erziehenden zu lösen (Schindler 1957d, S. 381). Bei einer Begegnung mit einem übertragenen Affekt wird das Gegenüber in seinem Sosein nicht wahrgenommen, sondern immer schon als eine *andere* Person gesehen. Affekte aus einem früheren Geschehen werden in ein Hier und Jetzt übertragen, Vergangenes wird in der gegenwärtigen Begegnung wirksam und überlagert den Blick auf das aktuelle Gegenüber.

2. Mit Übertragung ist zu rechnen

Übertragung ist für Schindler ein alltägliches Geschehen und nicht problematisch, weil übertragene Affekte im ersten Moment bei der Orientierung in komplexen Situationen helfen. Bleibt die Übertragung jedoch aufrecht, verstellt sie den Blick auf das Hier und Jetzt und verhindert eine Begegnung mit der aktuell gegenüberstehenden Person, die zweifelsohne nicht die ist, für die man sie ursprünglich hält. D. h., Übertragungen oder affektive Erwartungen beziehungsweise Einstellungen (Schindler 1957d, S. 381) unterstützen bei einer ersten Orientierung, verstellen aber den Blick, wenn es nicht gelingt, die Übertragung zeitgerecht zu lösen. Bleibt sie bestehen, wird am aktuellen Gegenüber etwas abgehandelt, was nicht zu dieser Person gehört. Es ist naheliegend, dass ein »Ver-Sehen«, d. h. eine dauerhaft nicht gelöste Übertragung oder die Fortsetzung affektiver Erwartungen, auf jene Person einwirkt, die mit der Übertragung konfrontiert ist.

Beide Phänomene, die Affekte wie auch die Übertragung im Sinne von affektiven Erwartungen, begegnen den Lesenden im Rangdynamikmodell in der Darstellung des affektiven Kreislaufes, der einen wichtigen Teil der Identität einer Gruppe ausmacht.

Beim Familiengleichgewicht handelt es sich um ein komplexes Übertragungsphänomen im Rahmen des familiären Kollektivs. In diesem gemeinschaftlichen Geschehen sind die Übertragungen und damit die affektiven Erwartungen der dominanten oder gruppenstärksten Position leitend, sodass Schindler festhält: »... nicht so selten ist der gesamte Strukturaufbau vom Unbewussten einer in der Familie überragenden Persönlichkeit beherrscht« (1955, S. 84). Die affektiven Erwartungen der weniger dominanten Mitglieder sind nicht ausgelöscht, treten aber dahinter zurück.

Dieses innere Gleichgewicht, diese »affektiv aneinander gebundene Sozietät« (Schindler 1955, S. 83) besitzt eine gewisse Beharrlichkeit, bleibt aber bei Bedarf veränderbar. Bedarf ist gegeben, wenn es zu Verschiebungen aufgrund geänderter Umwelteinflüsse (beispielsweise Wohnortwechsel, politische Situation) oder Veränderungen im Gruppengefüge (wie Pubertät eines Kindes, Hinzukommen eines neuen Familienmitglieds, gemeinsames Älterwerden) kommt. Solche Ereignisse fordern die Familiengruppe heraus, sich angeregt durch diese nicht kontrollierbaren Impulse im Gewebe zueinander in ein adäquates realitätsbezogenes Gleichgewicht zu setzen. In diesen Phasen ist eine affektive Unruhe in der Gruppe spürbar. Diese dauert so lange, bis sich die Mitglieder in einer geänderten Rollenverteilung eingefunden haben, in einer wiederum allseits akzeptierten Struktur (Schindler 1955, S. 83). *Akzeptiert* bedeutet in dieser Formulierung nicht die bewusste Einwilligung in das sich bildende Gefüge, sondern ein gemeinsames dynamisches Sicheinfinden in einer Balance zueinander: Wer ist man angesichts der geänderten Bedingungen zueinander? Was ist von anderen zu erwarten? Diesen »strukturgebundenen Ablauf der Affektivität in einer Gruppe« (Schindler 1959, S. 135) beziehungsweise »die Ordnung der Affektivität der Gruppe« nennt Schindler *Soziodynamik*.

Doch zurück zur Diagnose, denn in der Regel ist es Familien möglich, das Gleichgewicht den gegebenen Anforderungen anzugleichen. Anders nimmt Schindler diesen Prozess bei Familiengruppen wahr, denen Personen mit Schizophrenieerkrankung zugehörig sind. Diese Familiengruppen weisen eine Erstarrung in der Rangordnung und einen Schematismus im Zueinander auf, in dem Übertragungsaffekte eine große Bedeutung haben (Schindler 1955, S. 83). Am bestehenden Gleichgewicht wird beharrlich festgehalten, unabhängig von den die Familie berührenden und herausfordernden Veränderungen. Diese Fixierung hindert die Gruppe daran, einen Realitätsbezug herzustellen, einen adäquaten Ausgleich zwischen dem Gruppengeschehen und der sie betreffenden Umwelt. In dieser Erstarrung wird eine Not sichtbar, dass es der Gruppe aus welchen Gründen auch immer nicht gelingt, sich angesichts der sie betreffenden Herausforderungen entsprechend umzuformieren. Eine nicht vorgenommene realitätsbezogene Anpassung im Familiengleichgewicht verhindert den im fortschreitenden Lebensprozess notwendigen Spannungsausgleich (Schindler 1978, S. 255).

Diese Ausdifferenzierung der psychodynamischen wie auch soziodynamischen Diagnosen auf der Basis psychoanalytischer Theorie war maßgeblich für die Entwicklung neuer psychotherapeutischer Behandlungsform an der Wiener Klinik: Dabei war es die Aufgabe, (1) die Familien mit Patientinnen und Patienten zu unterstützen, das erstarrte Familiengefüge zu lockern und an aktuelle Gegebenheiten in der Wahrnehmung heranzuführen, sowie (2) die Erkrankten in der Ich-Entwicklung und Emanzipation aus der Familiengruppe zu fördern. Beide Momente waren maßgebliche Orientierungsgrößen für die im ärztlichen Kollektiv entwickelte *bifokale Familientherapie*. Diese Behandlungsform greift Konzepte der sich entwickelnden systemischen Familientherapie auf und verbindet diese mit den gruppendynamischen Erfahrungen, da »man mit Kleingruppen sehr intensive Persönlichkeitsentwicklungen machen kann, die sehr tiefgreifend wirken« (Schindler 2007, S. 338). Dabei wurde die Therapiegruppe als eine Art Familie oder Gegenfamilie genützt (Arnold u. Schindler 1952, S. 64 f.) und Gesellschaftlichkeit als Therapierahmung (Schindler 2007, S. 338) eingeführt. Das Interesse galt der Gruppe und ihren Dynamiken, so formuliert Schindler in einem Interview rückblickend: »Meine Überlegungen gingen dahin, dass sich in der Familie als Urgruppe ein Prozess entwickelte, der Einzelne in die Krankheitsrolle drängt, mein Forschungsinteresse galt der Gruppe« (Majce-Egger 2008, S. 30)

1.3 Ein neues Behandlungsformat in Gruppen: bifokale Familientherapie

1947 wurden erste therapeutische Schritte an der Wiener Klinik begonnen, die Arbeit in den Therapiegruppen beobachtet, Tonbandaufnahmen von diesen Sitzungen aufgenommen und im Kreis von Kolleginnen und Kollegen ausgewertet sowie Analysen zum Verstehen des Gruppengeschehens verfeinert. Ab 1949 wird die bifokale Familientherapie die Standardmethode zur psychotherapeutischen Behandlung von Menschen mit schizophrener Beeinträchtigung an der Wiener Universitätsklinik (Schindler 1959, S. 125). Eine wichtige Voraussetzung für diese Therapieform war die lange Verweildauer der Patientinnen und Patienten an der Klinik und die Möglichkeit, ohne Zeitdruck vorzugehen.

Wenn nun Dynamiken in der Primärgruppe Anlass für akute psychotische Schübe waren, so war es folgerichtig, zur Emanzipation eine Gesellschaftlichkeit als Therapieform beziehungsweise die Dynamiken in einer anderen Gruppe therapeutisch als Gegenfamilie zu nützen. Diese Annahme lässt sich unter der Prämisse nachvollziehen, dass es grundlegende Phänomene in Gruppen gibt, die in jeder Gruppe zu finden sind, jedoch auf je eigene Weise zum Ausdruck kommen. Die gleichen Dynamiken, die in erstarrten Familiengefügen beobachtbar waren, sind auch in den therapeutischen Gruppen zu erwarten, mit dem Unterschied, dass sie von den Gruppentherapeutinnen bzw. -therapeuten dynamisch intendiert werden können. Indem zu Behandelnde wie auch die Eltern im Gefüge ihrer jeweiligen therapeutischen Gruppen unterschiedliche Positionen in der Soziodynamik (dem strukturgebundenen Ablauf der Affektivität in einer Gruppe) einnehmen, wird eine Erweiterung im eigenen Verhaltensspektrum angestoßen. So wurden die therapeutischen Kleingruppen unter ärztlicher Leitung in der Therapie genützt, damit die Mitglieder sich anders als sonst in Gruppen erfahren konnten, am Vorbild von anderen lernten, sich eigener Zwänge und Vorstellungen bewusst wurden, weitere Verhaltensmöglichkeiten ausprobierten, neue Ideen für sich und ihr Leben entwickelten. Damit wurde die klinische Gruppe als Möglichkeit zur Persönlichkeitsentwicklung therapeutisch und emanzipatorisch eingesetzt.

Mit dem Interesse, Gruppen und deren Dynamiken zu erforschen, reiht sich dieser Ansatz der bifokalen Familientherapie in zeitgenössische psychologische Forschung zum Thema Gruppen in verschiedenen gesellschaftlichen Feldern – Pädagogik, Organisation, soziale Arbeit etc. – ein und ist im Austausch mit dem allgemein gestiegenen Interesse an Gruppendynamik und deren Erkenntnissen zu lesen (Schindler 1958, S. 341 f.).

Therapeutisches Ziel war es, die Patientinnen und Patienten in der Ich-Entwicklung sowie ihrer Emanzipation in der Familie zu stärken und das erstarrte Familiengleichgewicht zu dynamisieren und zu verändern. Den großen Teil der analytischen Arbeit trugen die Eltern, an ihnen war es, sich ihrer unbewussten Ängste und Erwartungen bewusst zu werden, das erstarrte Familiengleichgewicht mit der fixierten Rangordnung und den Rollenerwartungen beweglicher zu machen und die Erkrankten in die Selbstständigkeit zu entlassen. Bei dieser Therapieform arbeitete eine Ärztin bzw. ein Arzt parallel mit einer Kleingruppe von maximal sieben Patientinnen und Patienten sowie einer Gruppe der dazugehörigen Erziehungsberechtigten. So geriet die ärztliche Begleitung in den

Fokus der affektiven Erwartungen der Eltern an ihre betroffenen Kinder wie auch jener der Patientinnen und Patienten an ihre Eltern. Diese Spannungen bildeten das Material, an dem und mit dem in vier Schritten gearbeitet wurde.

Darstellung der bifokalen Therapie[1]

»Es ist hier nicht der Raum, die allgemeine Technik zu wiederholen, soweit sie in der erschienenen Literatur nachgelesen werden kann (Arnold & Schindler 1952; Schindler 1954, 1955, 1958a). Nur soweit es für den uns heute besonders interessierenden Aspekt verständnisnotwendig ist, sei darauf eingegangen: Etwa sieben Patienten werden zu einer geschlossenen Gruppe vereinigt, parallel dazu in einer getrennt geführten Gruppe ihre Eltern. Die Entwicklung beider Gruppen ist aber aufeinander abgestimmt, s. Abb. 2.16:

I. *Bindung in der Gruppe*

Patientengruppe	–	Arzt	–	Elterngruppe
		als Vater / als Kind		
Entlastung d. alten Bindungen				Entlastung d. Bindungen an Pat.

II. *Analyse*

Patientengruppe	Elterngruppe
Arzt	Arzt
Lokalisation der Konflikte in der Gruppe. Psychodramatisches Acting out und Analyse der Übertragungen.	Ausleben und Analyse der unbew. Erwartungen an das Kind (Pat.). Analyse dieser Erwartungen an Hand des eigenen Lebensschicksals.

III. *Anwendung und Bewährung*

Arzt – Patientengruppe	Elterngruppe – Arzt
(offene Welt)	(erst als Kind, dann als Vater)
Aufbau eines eigenen Lebenskreises. Entlassung von der Station in ambulante Weiterbetreuung.	Akzeptieren des neuen Lebenskreises des Kindes (Pat.), Verzicht auf manche Erwartungen und Idealvorstellungen.

IV. *Übertragungslösung*

Welt – Patientengruppe	Elterngruppe – Welt

Neues Familiengleichgewicht
Arzt
(Spital)

Abb. 2.16: Phasen der bifokalen Gruppentherapie

1 Originalzitat aus Schindler (1959, S. 125–127).

In der ersten Entwicklungsphase wird zunächst in beiden Gruppen die Bindung zum Therapeuten hergestellt. Die innerfamiliäre Gebundenheit wird vorerst äußerlich durch eine Besuchssperre durchschnitten, die allerdings auf freiwilliger Basis gehandhabt und jeweils besprochen wird. Der Arzt, der in dieser Zeit das einzige Bindeglied zwischen Eltern und Patienten darstellt, wird affektiv in jeder Gruppe zum Repräsentanten des fehlenden Familienteils und Objekt der diesem zukommenden Übertragung.

Nun werden diese Übertragungsaffekte analysiert. Die Patientengruppe ist zum Abbild einer Familie geworden, deren Konflikte psychodramatisch agiert werden. So werden die Probleme sichtbar und besprechbar, vorerst in einer gruppeninternen, anonym allgemeinen Weise. Das Erkennen von Gruppenphänomenen als Ausdruck eigener Projektionen ist eines der besten Zeichen dafür, dass sich der Patient diesem Problem bewusst zu stellen vermag. In der Elterngruppe zeigen sich bei analog geführter Analyse unbewusste Erwartungen an das Werden des Kindes und Ängste, die sich der freien Entwicklung des Patienten entgegenstellen mussten. Mehr und mehr wird die Rolle deutlich, die das Kind in der Familie einnehmen musste, um deren affektives Gleichgewicht – »Familiengleichgewicht« – aufrechtzuerhalten. Da dies in beiden Gruppen geschieht, so entspricht der Vorgang einer einheitlichen Analyse, die sich gewissermaßen in zwei Brennpunkten (»bi-fokal«), räumlich getrennt aber aufeinander bezogen, vollzieht.

Nun treten Eltern und Patienten wieder in freien Kontakt, der aber vielfach in seinem Wesen ein anderer geworden ist, oft auch in seinen äußeren Formen. Die Patienten verlassen allmählich die Station und kommen ambulatorisch zur weiteren Gruppentherapie. Sie bauen ihren neuen Lebenskreis und stützen sich dabei in der Gruppe gegenseitig ab. Der Therapeut wird zum Repräsentanten einer offenen Welt voller Möglichkeiten. In der Elterngruppe aber muss diese neue Entwicklung der Patienten geschützt werden. Zunächst muss die Enttäuschung und Angst der Eltern ob der neuen Entwicklung, vom Patienten abgewendet und in die Gruppendiskussion gezogen werden. Dann müssen die Eltern sich damit vertraut machen, Verzichte finden und neue eigene Ziele bauen.

Die letzte Phase ist in beiden Gruppen der Übertragungslösung gewidmet. Der Arzt wird wieder zu dem, was er real auch ist, nämlich zum Repräsentanten des Spitals.«

Vgl. weiters Schindler (1974, S. 143–151); Schindler (1976, S. 216–235).

1.4 Entwicklung des Rangdynamikmodells

Ausgehend von der Annahme, dass in allen Gruppenarten mit solchen grundlegenden Phänomenen zu rechnen ist, ist der Weg zur Ableitung des Modells der Rangdynamik nicht mehr weit. Es brauchte einen näheren Blick für die angenommenen, sich wiederholenden Prozesse, ein gemeinsames Beobachten und Auswerten von Tonbandaufnahmen, selbstreflexive Erfahrungen in der therapeutischen Gruppenarbeit. Denn wenn eine zugrundeliegende gleichbleibende Struktur angenommen wurde, dann galt es sie zu finden.

In der ersten Veröffentlichung zur bifokalen Familientherapie 1952 finden sich noch keine Hinweise auf sich wiederholende Positionen oder das Modell, wohl aber wird bei der Beschreibung des Familiengleichgewichts von *Rollenverteilung*, *Gruppenstärksten*, *Stellenwert in der Gruppe* und *Affekten* gesprochen. 1954/55 wird Schindler in der pädagogischen Arbeitsgemeinschaft im Wiener Arbeitskreis für Tiefenpsychologie im Rahmen eines Seminars zum Thema *Gruppe, deren Struktur und Dynamik* die Grundzüge des Modells vortragen (Schindler 1958, S. 341 f.), die er 1957 ein erstes Mal publik gemacht hatte. Dieser Artikel *Grundprinzipien der Psychodynamik* (Schindler 1957a) steht am Anfang der Entwicklung des Rangdynamikmodells und ist an klinischer und therapeutischer Arbeit ausgerichtet. 1959 argumentiert Schindler bei der Darstellung der bifokalen Familientherapie bereits mit dem Modell der Rangdynamik, also mit rangdynamischen Positionen und einem affektiven Kreislauf der Positionen zueinander.

Dem lebendigen Gefüge im Hintergrund auf die Spur zu kommen, war den Ärztinnen und Ärzten möglich, weil das soziodynamische Geschehen in den Gruppen der Patientinnen und Patienten sehr langsam verlief und daher besser beobachtbar wurde. So erlaubte »der langsame Fluss der Ereignisse« den Medizinerinnen und Medizinern, »die dynamischen

Vorgänge in der Gruppe wie mit der Zeitlupe zu beobachten« (Schindler 1968b, S. 202). In den Folgejahren wurde das Rangdynamikmodell auf seine Brauchbarkeit in anderen Kontexten als der Wiener Klinik diskutiert, angewandt, überprüft und diagnostisch weiterentwickelt, beispielsweise in Neurosengruppen und Selbsthilfegruppen, in Gruppen mit Jugendlichen im Wiener Therapie-Heim, bei der Gruppenarbeit mit verwahrlosten Personen und ihren Bezugsgruppen sowie der Begleitung von Jugendgruppen und Gangs (Schindler 1962, S. 3; ders. 1968a), bei der Analyse des Klimas einer Krankenstation (1957b) sowie in gruppendynamischen Selbsterfahrungsseminaren, so auch bei den internationalen Großgruppen-Trainings in Alpbach (vgl. Schindler 1970b, 1991).

Aus dieser langjährigen Forschungsgeschichte lassen sich zusammenfassend folgende Grundannahmen für das Rangdynamikmodell festhalten:

d) Eine Gruppe ist nicht rund

»Anfangs erschien uns die ideale Gruppe ›rund‹ oder höchstens durch die Person des ärztlichen Leiters in ihrer Homogenität gestört. Dann aber mussten wir erkennen, dass eine Gruppe gar nicht rund sein kann ...« (Schindler 1960c, S. 383). Wenn auch von einem inneren Gleichgewicht gesprochen wird, so bezieht sich dieses auf eine gemeinsam hergestellte und allseits akzeptierte Rollenverteilung mit einer spezifischen Rangdynamik. Diese Beobachtung führte im Forschungsprozess zu einer neuen grafischen Darstellung der Dynamik von Gruppen. Affekte und Valenzen der Gruppenpositionen wurden bisher kreisförmig, dann jedoch in Form von Rauten und Rechtecken dargestellt, denn eine Gruppe bewegt sich mit ihren typischen Gruppenkonflikten unrund. Sie verfügt durch die Einführung eines gemeinsamen Gegenübers (G) über eine strukturelle Spannung nach außen und innen, die nicht nur durch Rollendynamik beschreibbar ist. Folgende Gegenüberstellung zeigt die grafische Entwicklung:

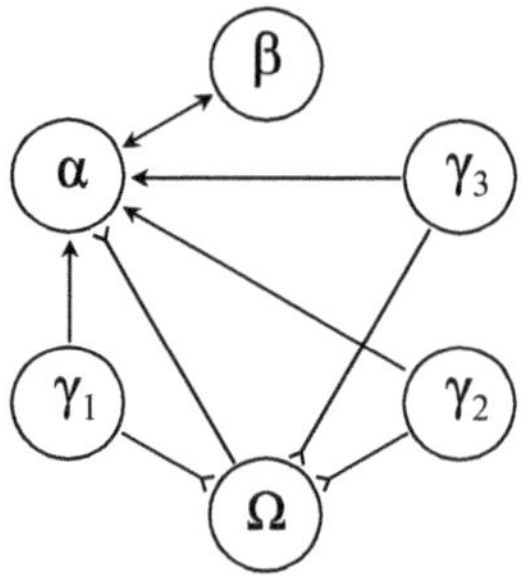

Abb. 1: Rollendynamik nach Moreno (Schindler 1957b, S. 114)

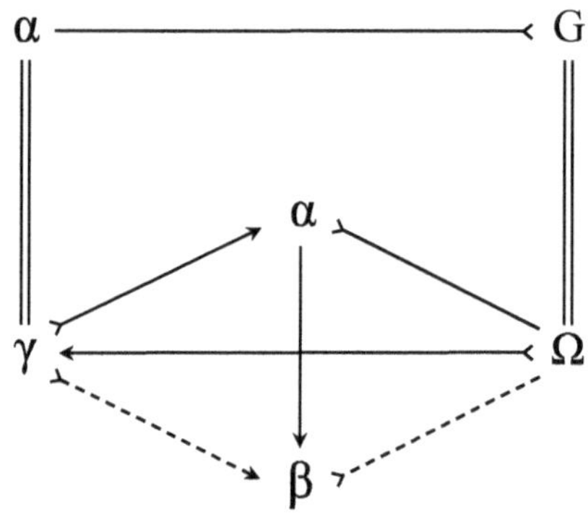

Abb. 2:Rangdynamik nach Schindler (Schindler 1957b, S. 115)

Nähere Erläuterungen dazu erfolgen in Kapitel 2.

e) Es gibt ein fluides Gefüge im Hintergrund

Der rangdynamische Blick ermöglicht das Wahrnehmen eines fluiden Gruppengefüges im Hintergrund, versehen mit einer Affektdynamik. Die Verhaltensweisen der Personen in Gruppen sind nur auf dem Hintergrund des Gefüges interpretierbar, Rollenverhalten ist an spezifische Zustände und Positionen gebunden. Das Fluide beschreibt Kontaktintensität der Bezogenheit der Personen zueinander. Dieses Gefüge ist prozesshaft wahrzunehmen, veränderbar und daher nicht einfach zugänglich. Doch auch wenn es sich immer wieder der Wahrnehmung im Hier und Jetzt entzieht, ist es doch da und wirksam beim Zustandekommen eines Gruppenergebnisses und einer Gruppenleistung.

f) Eine Affektdynamik entwickelt sich für Personen in Interaktion

Das Modell lenkt den Blick auf die affektive Verstrickung der involvierten Personen in ihren Positionen zueinander. Hinter der einfachen Formel des Rangdynamikmodells verbergen sich affektive und wirksame Verbundenheiten für ein gemeinsames Tun. Das Individuum in einer Gruppe bleibt von diesen spannungsreichen Bezügen nicht unberührt, ist nicht für sich zu sehen und kann sich nicht entziehen, wird in der gemeinsam entwickelten kollektiven Dynamik im Erleben und damit in der Entwicklung angestoßen. Affekte, Impulse, Übertragungen, Erwartungen und ihre Wirkungen auf die Interaktionsdynamik und das persönliche Erleben gilt es bei der Arbeit mit Gruppen auf dem Hintergrund der Rangstruktur zu beachten.

g) Das Gefüge ist nach außen und innen dynamisch in Bewegung

Mitglieder einer Gruppe finden sich im Zueinander in einer Balance ein, die sie je nach Impulsen von außen oder innen verändern. Ziel ist, die Ressourcen gut nutzen zu können, also sich adäquat im sich verändernden Kontext gegenüber einem Entgegenstehenden zu bewegen. In diesem Sinn ist Gruppe in einem zweiten Sinn fluid, weil es notwendig ist, das Gleichgewicht immer wieder neu auszutarieren. So sind Gruppen per se dynamisch und in Bewegung.

1.5 Weiterentwicklung und Diskurs

Die Anfänge des Modells sind mit der Veröffentlichung der grafischen Darstellung (Positionsformel) mit Blick auf die therapeutische Arbeit in den späten 1950er-Jahren gesetzt. Es wird wenige Jahre dauern, bis neben der Positionsformel (These 2; siehe Abschnitt 3.2) 1964 vier kollektiv-psychologische Zustände an Bezogenheiten (These 1; siehe Abschnitt 3.3) von Raoul Schindler formuliert werden. Im Laufe der Jahre, der Anwendung des Modells und der Rezeption wird Schindler die Begriffe des Rangdynamikmodells nachschärfen (vgl. Kap. 4), vereinfachte Lesarten im Sinn von Stereotypisierungen zurückweisen (Schindler 1999) und weitere mögliche Entwicklungen andeuten, unter anderem eine weitere Ausdifferenzierung der Rangpositionen, wie sie in der grafischen Darstellung ersichtlich sind (Schindler 1993, S. 308).

Festzuhalten bleibt, dass Schindler keine einheitliche und letztgültige Darstellung des Modells publiziert hat, sondern dieses auf Tagungen vorgetragen und den jeweiligen aktuellen Stand in diversen Artikeln in Sammelbänden, Fachzeitungen oder Zeitschriften festgehalten hat. So konnte er in Interaktion Änderungen im Modell oder Schwerpunktsetzungen vorantreiben. Diese Form des Publizierens und Weiterentwickelns kennzeichnet die Geschichte des Modells und ist – neben dem fluiden Charakter des Gruppenmodells – eine Herausforderung für Interessierte, sie greifbar zu machen.

Angesichts dieses Werdens und letztlich der Unabgeschlossenheit des Modells verabschieden wir uns hier von einer weiteren historischen Vertiefung und stellen in den folgenden Kapiteln dar, was wir selbst als Essenz aufgrund der Lektüre der Originaltexte und aus reflexiven kollegialen Gesprächen abgeleitet haben, wissend, dass dies ein offenes, zeitweise auch gewagtes Unterfangen bleibt.

2 Essenz: Das Rangdynamikmodell in zwei Thesen

2.1 *Ausgangspunkte des Modells*

Um die Essenz des Rangdynamikmodells zu beschreiben, sei folgendes Zitat von Raoul Schindler (1999, S. 286) vorangestellt:

> »Rangdynamik wird immer in Rollen-Klischees beschrieben und als Wissenschaft vom hierarchischen Aufbau der Gesellschaft missverstanden. Aber es ist umgekehrt: Rangdynamik beschreibt das bewegte Gefüge des lebendigen Hintergrunds, das uns über seine in der Beschreibung gerinnenden Spuren zu hierarchischen Mustern leitet, die sich aber als vergänglich erweisen.«

Was meint Schindler mit dem »bewegte[n] Gefüge des lebendigen Hintergrunds«?

Wenn Menschen aufeinandertreffen, verhalten sie sich in unterschiedlich wahrnehmbaren Zuständen zueinander. Man kennt das von kleineren Partyeinladungen: Am Beginn ist man noch nicht richtig angekommen, mit den Gästen abwartend förmlich und man weiß noch nicht, ob es ein anregender Abend werden könnte. Und dann ist es vielleicht doch anregend und man unterhält sich gemeinsam in der Gruppe, unterschiedliche Personen bringen Themen ein und eine Konversation entsteht, aber kurze Zeit später wird es wieder etwas flau und man fragt sich still, wann der richtige Zeitpunkt ist, nach Hause zu gehen. Schindler bezeichnet diese unterschiedlichen Zustände von Verhaltensweisen zueinander als *Entwicklungsphasen kollektiv-psychologischer Zustände*. Metaphorisch könnten Begriffe wie »lose, leicht bewegt, wogend, kreisend, verdichtend, verklebt« dies verdeutlichen. Die kollektiven Bezogenheiten werden wie fluide Aggregatzustände zwischen Personen wahrnehmbar.

2.1.1 Die psychologische Gruppe

Schindler scheint bei der Verwendung des Begriffs *Gruppe* zu variieren, wobei der Grundtenor einer dynamischen Verbundenheit und kollektiven Interaktion als roter Faden erkennbar ist. Er verwendet den Begriff *Gruppe,* um ein psychologisches Phänomen zu beschreiben. Damit befindet er sich in den 50er-Jahren des letzten Jahrhunderts in guter Gesellschaft. Wir fassen drei Aspekte seiner Definitionen zusammen: Gruppe ist gekennzeichnet durch einen dynamischen Aktivitätszustand, Gruppe entwickelt mehrere fluide Reifungsphasen und Gruppe ist von außen als solche selbst bei losem Kontakt erkennbar.

- »Gruppe«, so formuliert Schindler (1957a, S. 105) zu Beginn seines ersten publizierten Textes zur Rangdynamik, »ist primär ein psychologisches Phänomen. Es entsteht, wenn sich einzelne Menschen aus einer unverbundenen Menge gegenüber einem gemeinsamen Ziel in eine Aktion zusammenschließen [...] Es erlischt, wenn die verbindende Dynamik aufhört, gleichgültig, ob die Menschen selbst nun auch räumlich auseinandergehen oder zusammenbleiben. Es hinterlässt Spuren, wenn es einmal eine gewisse Zeit wirksam bestanden hat.« Bei dieser Begriffsverwendung bezeichnet der Begriff »Gruppe« einen dynamischen Zustand, dessen Kennzeichnen eine die Mitglieder verbindende Aktivität ist, die daher dynamische Positionen aufweist. Ähnlich: »Das Phänomen ›Gruppe‹ entsteht, wenn mehr als zwei Menschen sich gegenüber einem gemeinsamen Ziel zu einem Aktionswillen zusammenschließen« (Schindler 1957b, S. 113). Dieses psychologische Phänomen besitzt fluiden Charakter, selbst wenn die Personen zusammenbleiben, d. h., es kann sich als spezifischer Aggregatzustand wieder auflösen oder auch verfestigen.
- »Gruppe hat Reifungsphasen« (Schindler 1971, S. 231). In diesem Zitat wird der Begriff in einem weiteren Sinn ver-

wendet. Gruppe benennt eine Anzahl von Personen in verschiedenen kollektiven Bezogenheiten. Ausschlaggebend ist nicht die Anzahl der Personen, sondern dieses fluktuierende Zu-, Neben- und Miteinander.
- »Gruppe« als Gruppierung ist eine in sich geschlossene und von außen wahrnehmbare Anzahl von Personen, die miteinander in irgendeiner Form in Kontakt stehen, beispielsweise »die Gruppierung der Kranken« (Schindler 1957b, S. 117), »etwa sieben Patienten werden zu einer geschlossenen Gruppe vereinigt, parallel dazu in einer getrennt geführten Gruppe ihre Eltern« (Schindler 1959, S. 125) beziehungsweise »Patienten- und Elterngruppe« (Schindler 1959, S. 131) oder »Manche Gruppen verbleiben weiterhin in einem mehr oder minder losen Kontakt« (Schindler 1959, S. 132).

»Gruppe« als psychologisches Phänomen zu betrachten, ist in der Geschichte der Gruppendynamik nicht neu und begegnet in diversen Definitionen. Kurt Lewin, ein Gründer der Gruppendynamik, meint: »Fasst man die Gruppe als dynamisches Ganzes auf, dann sollte eine Definition der Gruppe auf die wechselseitige Abhängigkeit ihrer Glieder abstellen« (Lewin 1963, S. 183).

Antons, Ehrensperger und Milesi (2019, S. 67) (Gruppendynamiktrainer:innen) führen aus: »Gruppe ist das, was zwischen den Mitgliedern geschieht« und »Ohne ein gemeinsames Ziel wird sich kaum eine Gruppe bilden oder länger bestehen können«. Der Sozialpsychologe Manfred Sader (2002, S. 39) formuliert: »[…] die psychologischen Definitionen der Gruppe sagen etwas über den Zusammenhang der Individuen, ihre Beziehungen zueinander aus, aber nichts über diese Individuen selbst.« Bei diesen Erklärungen wird deutlich, dass Gruppe ein konkretes Geschehen zwischen beteiligten Individuen bezeichnet.

2.1.2 Die zwei Grundthesen des Rangdynamikmodells

Schindler entwickelte zwischen 1957 und 1964 die zwei wesentlichen Grundthesen des Rangdynamikmodells, das in den folgenden Abschnitten näher erläutert wird. Diese Grundthesen können wie folgt benannt werden:

These 1 – die vier Zustände kollektiver Bezogenheit
Im Zueinander von mehr als zwei Personen können vier psychologische Zustände kollektiver Bezogenheit festgehalten werden. Diese Zustände sind als fluide Aggregatzustände wahrnehmbar.

These 2 – die Positionsformel
Die rangdynamische Positionsformel ist in zwei dieser vier Zustände beobachtbar. Sie benennt fünf Positionen, davon vier Rangpositionen, die sich in einem Aktionswillen gegenüber einer Aufgabe zusammenschließen und auch affektiv miteinander verbunden sind.

Die erste These geriet in der Rezeption des Modells häufig aus dem Blick. So wurde das Modell oft auf die Positionsformel (These 2) verkürzt. Der grundlegende Fokus des Rangdynamikmodells richtet sich auf die Dynamik von Kollektiven und ihren spezifischen Begegnungszuständen mit einem möglichen Gegenüber: Was tun Menschen, wenn sie aufeinandertreffen? Wie verhalten sie sich zueinander?

Zentral beschreiben beide Thesen des Modells, was passiert, wenn mehr als zwei Personen ein gemeinsames Gegenüber entdecken und sich dazu in Bewegung setzen. Das Gegenüber kann ein Ziel, eine Aufgabe, ein Objekt, eine Person, eine Gruppe etc. sein und sich sowohl innerhalb als auch außerhalb einer kollektiven Formation befinden. Wenn es auftaucht und attraktiv scheint, ermöglicht es eine Grenzziehung der potenziellen Gruppenmitglieder nach außen (wer ist dabei) und sozialen Halt für ein aktives Miteinander.

Das Miteinander führt jenseits individueller Charaktere und gruppendynamischer Rollen zur Bildung von strukturellen Positionen, die mit Gefühlen und Erwartungen hinsichtlich des Umgangs mit dem Gegenüber verbunden sind. Das Modell ermöglicht eine gruppendynamische Beschreibung zu folgenden Fragen: Wie gehen Personen in Kollektiven mit einer Aufgabe um? Wie begegnen Gruppierungen äußeren Gegebenheiten, Anforderungen und Umwelten und was passiert dabei zwischen diesen Personen? Wie entsteht ein Aktionswille in Kollektiven? Welche Affekte und Aufgaben haften den dabei entwickelten Positionen an? Womit ist in der Entwicklung zu rechnen: nach außen wie nach innen, vordergründig und auf der Hinterbühne? Wie bleibt das Kollektiv lebendig und fällt nicht in routinierte Erstarrung?

2.2 These 1: Zustände der kollektiven Bezogenheit

Schindler (1964, S. 171) macht vier »Entwicklungsphasen kollektiv-psychologischer Bezogenheit« auf der Grundlage seiner Forschungsgruppe aus, die er auch als *Personalisationsphasen* oder *Reifungsphasen* einer Gruppe bezeichnet. Jede dieser Phasen beschreibt einen Zustand kollektiver Bezogenheit und ist geprägt durch ein *Hauptmerkmal*, die Interaktionsform, eine *Angst* im Sinne eines unbestimmten Zustandes und eine *Furcht*, die sich durch ihre Zielgerichtetheit auszeichnet (siehe Tab. 1).

Die Zustände kollektiv-psychologischer Bezogenheiten bzw. Personalisationsphasen werden in den folgenden Abschnitten verdeutlicht.

Zustand ***kollektiv-psychologischer Bezogenheiten***	**Hauptmerkmal** ***Interaktionsformen***	**Angst** ***(vages Gefühl)***	**Furcht** ***gerichtet auf …***
Menge	Kontaktloses Nebenher, ungruppierte Versammlung	Gebunden im Narzissmus	… die anderen als Projektion
Prägruppaler Zustand	Allgemeiner Alpha-, d. h. Führungs-Anspruch: Eine Aufgabe, ein Thema, eine Person etc. erscheint als mögliches gemeinsames Gegenüber (G), zu dem sich ein Aktionswille bilden kann beziehungsweise könnte.	Viel freie Angst	… Alpha … eine sich bildende Alpha-Position
Gruppaler Zustand	Dynamische Rangstruktur – Rangpositionen bilden sich: Die Personen einigen sich auf eine Vorgehens- und Verhaltensweise zu G und setzen sich gemeinsam in Bewegung. Eine Wir-Identität wird gebildet.	Relativ gebunden in der Struktur. Es entwickeln sich ein Aktionskreislauf und Affektdynamik anhand der Rangpositionen.	… G, das Gegenüber, Entgegenstehendes
Institution	Fixierte Rangstruktur: Es sind immer dieselben, die führen, folgen und zuletzt folgen.	Absolut gebunden in der Struktur	… Omega, Revolution, Veränderung der Struktur

Tab. 1: Zustände kollektiv-psychologischer Bezogenheiten – in Anlehnung an eine Tabelle der Personalisationsphasen nach Schindler

2.2.1 Zustand der Menge: Im Wartezimmer

Die *Menge* als Begegnungsform von Personen beschreibt unverbunden nebeneinanderstehende Menschen, die sich fast ohne ersichtlichen Bezug zueinander in einem Raum oder an einem Platz befinden. Es ist eine ungruppierte Versammlung, in der Schindler den Zustand der Bezogenheiten zueinander mit dem Begriff Menge bezeichnet. Die Szene des Kollektivs ist lose und äußerlich ruhig, wie dies beispielsweise in einem Wartezimmer zu beobachten ist.

> »Der andere in der Menge ist uns unbekannt, was wir von ihm halten, ist eine Projektion, das heißt[,] es sind unsere eigenen Einfälle und Gedanken, die wir ihm zuordnen. Aber bereits diese projektive Beschäftigung miteinander stellt einen unsichtbaren Kontakt her, der erst fühlbar wird, wenn etwas Neues geschieht, das uns alle betrifft« (Schindler 1971, S. 231).

Das kontaktlose Nebenher der Personen wirkt vordergründig still, Schweigen kann typisch sein. Die Personen sind in sich gekehrt, ihre Angst ist narzisstisch gebunden. Vielleicht wagen Einzelne einen scheelen Blick zur Seite und machen sich Gedanken, woher die anderen kommen könnten, die Furcht vor der Begegnung lässt den Blick aber rasch wieder sinken, damit die Projektion nicht real wird. Die Kontaktlosigkeit kann auch ein Vor-sich-hin-Plappern enthalten, es wird gesprochen, aber sicher nicht miteinander oder zueinander. Das Gesprochene bleibt im Raum, im wahrsten Sinne des Wortes, einfach stehen.

Der Begriff *Menge* für die Bezeichnung dieses Zustandes greift das Bild einer »rein geographischen, unstrukturierten Beziehung« (Schindler 1969, S. 213) auf. Auch wenn vielleicht Ideen von Menschenmassen sich bei der Beschreibung von Menge assoziativ anbieten, Menge meint nicht »Masse«. Die Menge ist in sich nicht organisiert und Personen einander nicht ähnlich, es gibt noch kein verbindendes Moment, kein Gegenüber. Die anwesenden und sichtbaren Menschen verbindet vordergründig nichts miteinander, sie stehen für sich, beiläufig und nebeneinander.

Dieser Interaktionszustand ändert sich deutlich, wenn diese als Menge anwesenden Personen in ihrer Zurückgezogenheit Unerwartetes bemerken. Beispielsweise kann durch das Hereintreten einer oder eines Neuen in den Raum, durch das spontane Auftauchen eines Hindernisses oder die ärgerliche Verspätung des Busses an einer Bushaltestelle eine nach außen abgegrenzte vage Beziehung zueinander antönen und Interaktionsimpulse herstellen.

2.2.2 Prägruppaler Zustand: Versuche des gemeinsamen Tuns

Ein gemeinsamer Anlass ermöglicht es Personen, sich unausgesprochen zusammengehörig zu erleben und ein erstes *loses Wir* zu bilden, wobei diese Wir-Gruppe nach innen hin unstrukturiert bleibt. Dies wird als *prägruppaler Zustand* bezeichnet. Dazu braucht es die Idee einer Möglichkeit, was man gemeinsam machen könnte. Der Satz »Wir könnten doch …« wäre deshalb ein typisches Kennzeichen dieses Zustandes, die Suche nach einer Aufgabe als einem möglichen Gegenüber (G), zu dem die Personen sich verhalten können, dominiert die Kommunikation. Diese Phase ist unruhig und ungewiss, »ein Kampf jedes gegen jeden um die Richtung der Gruppe« (Schindler 1971, S. 232). Die Phase scheint kreativ, eine rasche Abfolge zahlreicher Ideen ist möglich. Manchmal reagieren Personen auf die Ideen anderer, aber da folgt bereits die nächste Idee einer weiteren Person, der gefolgt werden könnte. Allgemeine Kontaktaufnahmen und Ideen tauchen auf, den einzelnen Vorschlägen wird jedoch nicht gemeinsam gefolgt, es bleibt zueinander und hinsichtlich einer Aktion beliebig. Schindler benennt als das Hauptmerkmal dieser Phase einen *allgemeinen Alpha-Anspruch*. Noch ist alles möglich, aber auch nichts entschieden. Der allgemeine Alpha-Anspruch wird sowohl im schweigenden Imponiergehabe – nach dem Motto »Ich weiß es schon, was jetzt gut wäre« – als auch im Ringen um die bessere Lösung – nach dem Motto »Besser wäre es, wenn wir …« – wahrnehmbar. Aber eine gemeinsame Richtung der anwesenden Betroffenen auf den Anlass hin fehlt. Die unruhige Aktivität zeigt deshalb auch auf viel freie Angst, die durch das oft hohe Tempo des Agierens und der Kommunikation zum Ausdruck kommt. Die Beziehungen zueinander sind vage und das Eis dünn. Insgeheim besteht die

Befürchtung, dass sich jemand durchsetzen könnte, dem man nicht folgen will. So sind die unartikulierten psychodynamischen Fragen: Wer setzt sich hier mit welcher Idee durch? Und was bedeutet das dann für mich? Was könnte das für eine Gruppe werden?

Die Furcht richtet sich auf eine mögliche Bildung einer Alpha-Position, die eine gemeinsame Willensbildung und Willensdurchsetzung eines Tuns und Verhaltens zulässt. Letztlich richtet sich die Furcht auf das Ende der zahlreichen beliebigen Wahlmöglichkeiten und damit auf etwas, was gerade wird und gleichzeitig gerade nicht wirklich werden kann. Solange nichts fertig entschieden ist, kann der Ideenreichtum in diesem Zustand mehr oder weniger lustvoll konkurrenzierend wahrgenommen werden. Noch ist alles möglich und alle sind scheinbar gleichwertig beteiligt, die Kontaktformation bewegt sich auf dünnem Eis zueinander.

2.2.3 Gruppaler Zustand: Dynamische Rangpositionen und gemeinsame Bewegungsrichtung

Die unruhigen Wahlmöglichkeiten und die Ungewissheit kommen zu einem Ende, wenn einem Vorschlag mehrheitlich gefolgt werden kann und sich die Mitglieder des Kollektivs in einem gemeinsamen Aktionswillen auf ein Gegenüber hin zusammenfinden. Dieser Zustand wird als *gruppale Phase* oder *Zustand einer reifen Gruppe* beschrieben. Kennzeichen und Hauptmerkmal ist die Ausbildung von *Rangpositionen.* Nach außen gerichtet wird eine konzertierte Bewegung der Gruppe als Aufgabe angenommen, das kollektive Verhalten gegenüber einem Gegner, einer Gegnerin, das Abgrenzen zu einem Gegenüber, eine Idee zu einem Entgegenstehenden gemeinsam verfolgt. Diese kollektive Bewegung kann laut gedacht, gemeinsam besprochen und sogar in Aktion gebracht werden. Die Mitglieder haben eine gemeinsame Richtung gefunden und bilden dadurch nach innen eine Identität, eine affektive Struktur zueinander. Die Angst wird beruhigt, das

Gegenüber und die gemeinsame Bewegung bieten Halt. Die Ausrichtung der Dynamik widmet sich der Bewältigung des als gemeinsam empfundenen Ziels.

Die vier Rangpositionen (siehe Abschnitt 3.3) leisten dabei unterschiedliche Beiträge, um dieses zu erreichen. Die Furcht richtet sich auf die fünfte Position – G: das Gegenüberstehende, den Gegner, die Gegnerin, die anderen, das Ziel, die Aufgabe, den Anlass.

Das dynamische und lebendige Aufeinander-zu-Gehen und Miteinandertun ist kennzeichnend für diese Phase. Die Dynamik betrifft auch die Position G, denn G kann wechseln, beispielsweise durch eine neue attraktive Aufgabenstellung, die auch in den rangdynamischen Positionen eine Fluktuation ermöglicht. Bei einer wechselnden Position von G wird eine neue Richtung eingeschlagen, die Personen tauschen dadurch auch in den Rangpositionen, verfolgen eine neue Aktion und Identität. Die gruppale Phase kann mehrere Sequenzen lang variieren: Aus einer Gruppe, die die Aufgabenstellung von Position G punktgenau bearbeitet, wird durch den Vorschlag eines neuen G eine Formation, die sich dieser neuen Aufgabe auf ihre Weise widmet. Die Kraft der gruppalen Phase ist in ihrer möglichen Lebendigkeit und Experimentierfreude auf das Gegenüber (Position G) hin zu erkennen.

2.2.4 Zustand der Institution: Die fixierte Rangstruktur und permanente Position

Den vierten psychologischen Zustand der kollektiven Bezogenheit nennt Schindler *Institution* oder *institutionalisierte Gesellschaft*. Als Bezeichnung steht Institutionalisierung für einen Zustand der Bezogenheit, nicht für eine Organisationsform. Der Zustand formiert sich, wenn Personen in den Rangpositionen fixiert bleiben und nicht mehr wechseln. Die fluktuierende Szene der gruppalen Phase weicht einer Wiederholung und stabilen Struktur mit gleichbleibender Rangordnung. »Die vorher oft noch wenig bewussten lebendigen Traditionen und

Stilelemente, die jede Gruppe entwickelt, werden zu starren Verhaltensregeln, einem Zeremoniell, von dem nicht abgewichen werden darf, ohne dass die Gruppe in Angst und abwehrende Aggressivität gerät« (Schindler 1971, S. 233). Die Angst ist in der Struktur stabil gebunden, die Furcht richtet sich auf die Möglichkeit einer aufbegehrenden Omega-Position bzw. die Position der oder des Gruppenletzten. Die Person in dieser Position könnte eine Revolte durch neue Ideen anzetteln, die die fixierte Struktur und Ordnung infrage stellen. Die Dynamik ist anders als im gruppalen Zustand verfestigt, die Strukturen sind festgelegt, die Gruppe zeigt sich fixiert, erstarrt und unbeweglich.

Unabhängig davon, was als Gegenüber auftaucht, bleiben die Personen in der bestehenden Rangordnung. D. h., immer dieselbe Person oder Gruppe befindet sich in der Alpha-Position und andere sind in der Omega-Position fixiert. Hier sind Überraschungen ausgeschlossen und unerwünscht, eine Routine hat eingesetzt. Eine Veränderung im Miteinander und den Begegnungen wird undenkbar, kleine Variationen werden ausschließlich durch eine fixierte Alpha-Position angeführt.

Fallbeispiel aus dem pädagogischen Feld:
Mögliche Szenen einer Schulklasse zu Schulbeginn

Kinder einer Schulklasse werden von außen organisiert und nach ausgewählten Kriterien, wie Alter oder Wissenstand, in Schulklassen zusammengefasst. Zu Beginn eines neuen Schuljahres befinden sich die Schüler:innen einer Klasse im Zustand der *Menge*. Ihr Miteinander ist gekennzeichnet durch ein Nebeneinander, vielleicht gibt es einige lose Freundschaften oder Bekanntschaften. Als Gruppe wird sich diese Ansammlung nicht erleben, selbst wenn sie von außen als solche bezeichnet wird. Eine gruppale Phase und Positionen lassen sich nicht erkennen, es wäre verfehlt, zu diesem Zeitpunkt nach einer Person in Alpha-Position zu suchen. Aber mit der Gewissheit der Schüler:innen, dass sie sich im Klassenraum mit den neuen

Klassenkameradinnen und -kameraden befinden, könnten erste lose Kontakte aufgenommen werden, vielleicht unterstützt von einer Lehrperson. Die Schüler:innen beginnen wahrzunehmen, wer noch mit ihnen gemeinsam in dieser Schule gelandet ist. Der Klassenraum sollte der Ort werden, den es zu gestalten gilt. Der Blick zu den anderen ist ängstlich, noch ist nicht klar, wer alles Teil der eigenen Schulklasse sein wird, welche innere Bezogenheit sich gemeinsam entwickeln kann, auch die Erfahrungen vor dem Sommer sind nicht wiederholbar.

Wird nun offensiv ein Thema eingebracht (beispielsweise die Sitzordnung), werden Kinder zu diesem Thema, das sie alle betrifft, Vorschläge einbringen wollen. Vermutlich wird es mehrere konkurrenzierende Vorschläge geben. Die Atmosphäre ist unruhig, unsicher und angespannt. Die Interessen sind unterschiedlich, das ist spürbar. Diese Aufgeregtheit (prägruppaler Zustand) wird sich legen, wenn ein Vorschlag eine Mehrheit bekommt, vielleicht nicht zur Zufriedenheit aller, aber es ist den Schülerinnen und Schülern möglich, einer Idee für eine Sitzordnung zu folgen (gruppaler Zustand).

Wird diese Gelegenheit, die Plätze auszuhandeln, nicht gegeben und die Lehrperson sorgt für die Sitzordnung, bleibt der Zustand der Menge weiter bestehen. Sollten die Schüler:innen aber Möglichkeit zur Interaktion bekommen haben, wird sich bei einem nächsten Thema, das alle oder einen Teil der Klasse betrifft, wieder ein prägruppaler und möglicherweise gruppaler Zustand entwickeln können. Reif erweist sich die Klasse nach Schindler, wenn die Positionen im Laufe eines Schuljahres von verschiedenen Personen eingenommen werden.

Wenn sich jedoch eine Rangordnung normativ einschleicht, d. h., dass unabhängig vom Thema /von der Aufgabe immer demselben Kind gefolgt wird und ein anderes Kind zuletzt folgt, hat die Rangdynamik bereits an Lebendigkeit verloren und ist zur Routine geworden: Wer sind die Hinterbänkler:innen, wer sind die Vorderen? Das macht das Leben in dieser Klasse nur auf den ersten Blick einfach, aber letztlich auch eintönig und entwicklungseinschränkend, insbesondere für die jeweiligen Kinder, die zuletzt folgen.

2.2.5 Bemerkenswertes zur These 1 der kollektiven Bezogenheiten

Mithilfe der These von den kollektiven Bezogenheiten ermöglicht Schindler einen soziodynamischen Beobachtungsfokus, wie Kollektive (Gruppen, Teams, Klassen, Abteilungen, Familien) sich in ihrer Interaktion gegenüber einem möglichen Gegenüber bilden können. Die psychologische Gruppe wird in Aggregatzuständen beschreibbar. Die Kollektive erscheinen als lebendiges Gefüge, das sich mehr oder weniger fluide in und zwischen vier Zuständen entwickelt. Jeder dieser Zustände hat ein Eigenleben und verfolgt einen Sinn für das jeweilige Erlebensmoment der Formation.

Zusammenfassend halten wir zur Lesart der vier kollektiven Bezogenheiten fest:

- Die *Basis des rangdynamischen Positionsmodells* ist *These 1,* die vier Zustände kollektiver Bezogenheit soziodynamisch beschreibt.
- These 1 fokussiert einerseits die Dynamik des Zueinander in einem *Begegnungsmodell* und andererseits, *wie Kollektive mit einem Gegenüber* umgehen.
- Die Zustände der Bezogenheit sind nicht chronologisch aufsteigend zu lesen. Sie *können in jede Richtung wechseln und folgen keiner geregelten Gesetzmäßigkeit*. Die Prozessverläufe von Kollektiven sind demnach *fluktuierend und fluid*, sie lassen sich nicht festhalten.
- Die Zustände sind *nicht positiv oder negativ kategorisierbar*. Als Phasen beschreiben sie keine Entwicklungsschritte von weniger zu mehr, sondern den *Grad der Bezogenheit und die Bedeutung einer Aufgabenstellung*, sie geben also einen Hinweis auf den Kontext. Die Idealisierung einer Phase wäre irreführend, die Fixierung in einer Phase kann jedoch belastend erlebt werden.
- So kann es beispielsweise erleichternd sein, zwischenzeitlich in einen Zustand der Menge zu tauchen, da in diesem Zustand die Gespanntheit auf ein Ziel hin sowie die Span-

nung zueinander aufgelöst werden. Hier können die Personen durchatmen oder sich emotional erholen.

- Die Formulierungen Schindlers stammen aus den 60er-Jahren des vorigen Jahrhunderts und sind für die Lesbarkeit im Heute partiell zu aktualisieren: Die Begriffe *Menge* und *institutionelle Gesellschaft* wirken verwirrend. In These 1 verwendet Schindler keine soziologischen oder organisationstheoretischen Definitionen, d. h., diese Begriffe benennen keine Organisationsformen, sondern aufbauend auf den Grundannahmen der psychologischen Gruppe einen *soziodynamischen Zustand* der Bezogenheit. Dieser beschreibt die Art und Weise der Bezogenheit, wie sie sich in vielen Formen von Kollektiven, lebens- wie arbeitsweltlich, dynamisch bildet.
- G, das Gegenüber, ist der Schlüssel zum Verstehen des Rangdynamikmodells. Welches Gegenüber im Sinn eines Begehrens ist erkennbar oder was bringt das Kollektiv in Aktion? Existieren mehrere Themen oder ist die Rangpositionierung unabhängig von entgegenstehenden Anlässen oder Aufgaben bereits fixiert?

2.3 These 2: Die Positionsformel

Das Phänomen Gruppe kennzeichnet sich in diesem Modell durch eine verbindende Aktivität auf ein gemeinsames Gegenüber hin (Schindler 1957a, S. 111). Mitglieder einer Gruppe sind jene Personen, die in diese Aktivität involviert sind und sich in diesem Prozess aufeinander beziehen. In zwei Zuständen der kollektiven Bezogenheit – im gruppalen Zustand und im Zustand der Institution – findet diese verbindende Aktivität in Form der Rangpositionen einen Ausdruck. Dargestellt wird sie in einer Grafik (siehe Abb. 3), die üblicherweise in der Rezeption mit dem Begriff Rangdynamik verbunden wird. Diese macht jedoch nur einen Teil des Rangdynamikmodells aus.

In den Originaltexten wird die Darstellung meist mit *soziodynamischer Grundformel* oder *rangdynamisches Positionsmodell* benannt. Im Sinne einer besseren Lesbarkeit wird in diesem Buch der Begriff *Positionsformel* verwendet. Die beiden gängigen Bezeichnungen werden miteinander verbunden, denn es geht um Positionen in einer konkreten, sich wiederholenden Formation (Formel) und die damit einhergehenden Dynamiken. So zeigt die Positionsformel, *wie* sich eine Anzahl von Personen zu einem Gegenüber in Bewegung setzt und *was* damit an affektiver Auseinandersetzung der Gruppenmitglieder erwartbar ist. Schindler bezeichnet dieses beobachtbare, handelnde und affektive Eigenleben als typisch für die bewusste und unbewusste Soziodynamik von Gruppen. Wenn sich diese Bezogenheiten in dynamischer Form bilden, handelt es sich um eine (reife) Gruppe beziehungsweise befinden sich die involvierten Personen im gruppalen Zustand. Dynamisch ist der Zustand, weil die Mitglieder in den Positionen wechseln können.

Wenn die Dynamik abflacht und es zu einer Fixierung von Personen in Positionen kommt, beginnt den Zustand der Institution. Kennzeichen dafür ist, dass unabhängig von den auftauchenden Aufgaben oder Themen (G) dieselben Personen fortwährend in ihren Positionen verharren. Ein dynamischer Wechsel in den Positionen ist nicht mehr erkennbar. Im Zustand der Institutionalisierung lassen sich die Positionen als Gruppenmuster mittels einer soziometrischen Aufstellung feststellen, während sie im gruppalen Zustand nur durch Beobachtung festgemacht werden können (Schindler 1969, S. 213 ff.). Das bedarf einer sorgfältigen Beobachtung und Analyse, die letztlich subjektiv bleibt.

2.3.1 Eine Grundformel mit Ecken und Kanten

Die grafische Darstellung der Positionsformel variiert in den Originaltexten (vgl. Abb. 3–6) und weist mit Blick auf das Alter der Texte eine Tendenz zunehmender Abstraktion auf.

Gleichbleibend und charakteristisch sind ein Rechteck, verbindende Seitenlinien und die Eintragung der Positionen. So überrascht es nicht, wenn von Rezipientinnen und Rezipienten weitere Darstellungen entwickelt wurden.

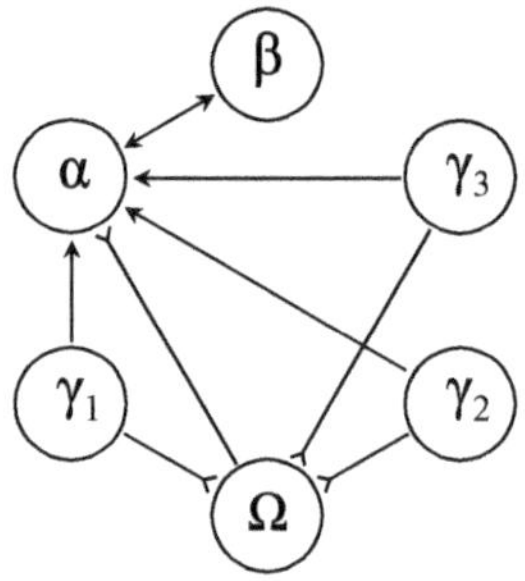

Abb. 3: Soziodynamische Grundformel oder rangdynamisches Positionsmodell – die Positionsformel (Schindler 1957a, S. 110)

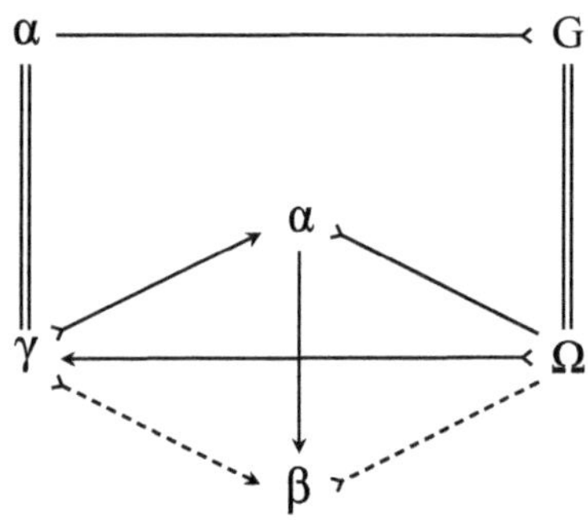

Abb. 4: Soziodynamische Grundformel oder rangdynamisches Positionsmodell – die Positionsformel (Schindler 1957b, S. 115)

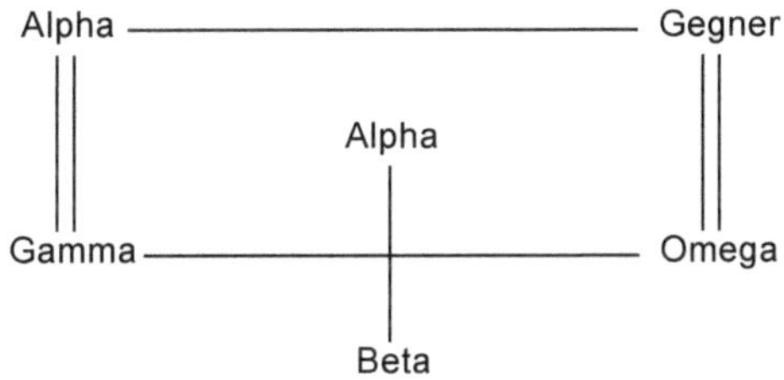

Abb. 5: Soziodynamische Grundformel oder rangdynamisches Positionsmodell – die Positionsformel (Schindler 1961, S. 160; Schindler 1969, S. 214)

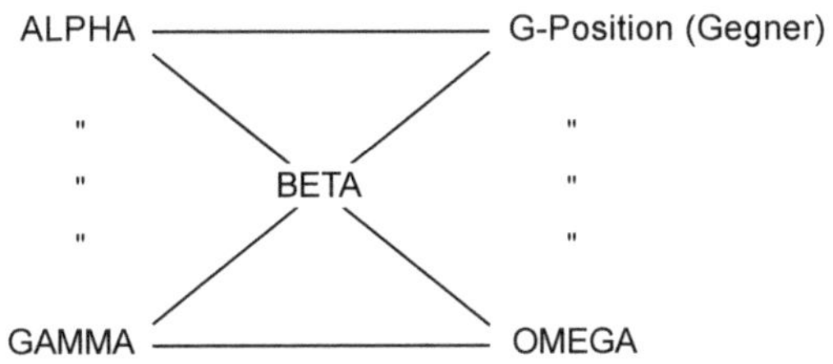

Abb. 6: Soziodynamische Grundformel oder rangdynamisches Positionsmodell – die Positionsformel (Schindler 1993, S. 309)

Über alle Variationen hinweg umfasst die Positionsformel fünf Positionen, davon vier Rangpositionen (Alpha, Beta, Gamma, Omega) und eine G-Position, in den Skizzen auch Gegner oder einfach G genannt. Die G-Position bildet das Gegenüber, das Entgegenstehende, zu dem sich Personen in einem Aktionswillen zusammenfinden und sich gemeinsam formieren. Diese Bewegung wird im charakteristischen Rechteck der Formel dargestellt. Weniger sichtbar und doch in die grafischen Darstellungen teilweise eingezeichnet ist der affektive Kreislauf, der sich im Tun zwischen den Positionen einstellt. Am deutlichsten ist dieser Kreislauf in den älteren Versionen in Form der Raute dargestellt, wie z. B. in Abbildung 4. »Der Aktionswille nach außen wird also durch ein eigentümliches Zusammenspiel der Affekte nach Art einer Kreisdynamik im Inneren der Gruppe in Gang gehalten« (Schindler 1957b, S. 116). (Weitere Erläuterungen zum Aktionswillen und der Affektdynamik finden sich im Abschnitt 3.3.2)

Nicht eingebunden sind Personen, die kein Interesse an einer gemeinsamen Bewegungsrichtung haben, die keinen Anlass sehen, miteinander ins Tun zu kommen. *Hier gilt es, die psychologische Gruppe von einer soziologisch definierten Gruppe zu unterscheiden.* Die Zugehörigkeit setzt ein affektives Verwickeltsein in einem Interesse voraus, einen gemeinsamen Willen auf ein Gegenüber hin *(Aktionswille).* Beispielsweise entsteht in einem Kreis von Kolleginnen und Kollegen die Idee, gemeinsam eine Zeitschrift herauszugeben. Weitere Personen aus der gemeinsamen Gruppe der Kollegenschaft werden eingeladen, eventuell folgen nicht alle der Einladung oder es gesellen sich andere von selbst dazu. Die dynamische Formel umschließt nur jene, die sich gemeinsam zu dieser Idee in Bewegung setzen.

Diese Kontaktformation entwickelt sich meist aus einem prägruppalen Zustand, in dem ein mögliches Gegenüber auftaucht und bei mindestens drei Personen einen Aktionswillen hervorruft. Diverse Ideen im Sinne von Alpha-Ansprüchen werden vorgebracht, *wie* mit G umgegangen werden könnte, eine Konkurrenz um die Vorgangsweise sowie eine Aufgewühltheit oder Erregtheit sind spürbar. Die gruppale Formation beginnt, wenn Ruhe einkehrt und die betroffenen Personen eine gemeinsame Bewegungsrichtung auf das Gegenüber gefunden haben. Die Personen sind sich in der Richtung auf das Entgegenstehende hin einig geworden, haben sich in einer gemeinsamen Antwort eingefunden, der sie folgen wollen. Damit werden weitere Möglichkeiten, wie das Gegenüber in Angriff genommen werden könnte, beiseitegeschoben. Jene Person, deren Vorschlag gefolgt wird und die die Bewegungsrichtung der Gruppe anzeigt, kommt in diesem Prozess in Alpha-Position. Die Person beziehungsweise die Personen, die folgen und sich dem Vorschlag anschließen, finden sich in Gamma-Position ein. Jene Person, die der gemeinsam eingeschlagenen Richtung zuletzt folgt, ist in der Omega-Position. Aufgrund dieser Konstellation braucht es mindestens drei Personen, um eine psychologische Gruppe zu bilden. Die Rangposition Beta steht meist abseits in der Darstellung, sie ist zugehörig und doch in diesen affektiven Kreislauf nicht involviert. Namentlich folgt sie auf Alpha und ist gebunden an diese eingezeichnet.

Die Verwendung der griechischen Buchstaben verweist auf eine Rangordnung im Sinn eines Prestigegefälles. Die Buchstaben verweisen auf Überlegungen von Schjelderup-Ebbe zur Hackordnung am Hühnerhof in den 20er-Jahren des 20. Jahrhunderts (Schindler 1964, S. 173; Schindler 1993, S. 308). Doch anders als die dort beobachtete geradlinige Rangreihe von Alpha bis Omega, mit der die Hühner ihre soziale Ordnung regeln, finden sich in der Formel nur vier ausgewählte Rangpositionen. Die Rangordnung in sozialen Kontexten entspricht nicht einer durchgängigen Rangreihe. Wohl gibt es einen Prestigeträger oder eine Prestigeträgerin als Ersten bzw. Erste unter Gleichen (Alpha-Position) und eine Person, die zuletzt folgt (Omega-Position). Die Personen dazwischen besetzen die Positionen Gamma oder Beta. Wenn beispielsweise eine Anzahl von Menschen in einer gruppalen Bezogenheit durch eine Türe geht, wird deutlich, wer zuerst und wer zuletzt durch die Türe treten wird. In der Mitte ist mit einem ungeordneten Gewühl zu rechnen, denn im Mittelfeld sind die Positionen wenig ausgeprägt.

In einem späteren Gespräch (Schindler 1993, S. 308) und nach Anwendung des Modells auf größere Gruppen wird Schindler festhalten, dass auch innerhalb der Gamma-Position mit Rangunterschieden zu rechnen sei. Es lässt sich nachvollziehen, dass eine Differenzierung dieser Position ausgehend von familiären Gruppen aufgrund der Kleinheit kein vorrangiges oder naheliegendes Thema war, wohl aber bei größeren Gruppen interessiert.

Hier ist festzuhalten:

- Der Kristallisationspunkt für die Rangdynamik ist ein akzeptiertes Gegenüber oder Entgegenstehendes. Ohne G wird sich keine Rangordnung bilden.
- Zwischen der ersten und letzten Position (vorangehen – zurückbleiben) spannt sich die Gruppe auf beziehungsweise liegt ihr Spannungsfeld (Konfliktfeld).
- Die gemeinsame Bewegungsrichtung auf G hin macht nach außen deutlich, welche Idee eine Gruppe verfolgt und wie sie auf das Entgegenstehende antwortet. Nach innen hin bringt diese Bewegungsrichtung die Personen zueinander in eine innere Struktur, eine Identität.
- Wenn das Ziel erreicht ist oder die Betreffenden die Freude an der Auseinandersetzung mit G verlieren, erlischt die Rangordnung wieder und mit ihr sowohl die Gespanntheit, die dem Aktionswillen inne ist und am Gegenüber festgemacht werden kann, sowie die im Inneren entwickelte spannungsvolle Verwobenheit zueinander. Zurück bleiben Spuren des gemeinsam Erlebten, auch wenn dieses nur für kurze Zeit Bestand hatte (Schindler 1957a, S. 105).

2.3.2 Die Positionen und ein interdependentes lebendiges Gefüge

Die Positionsformel beinhaltet fünf Positionen, die in ihrem Zusammenwirken eine lebendige Spannung nach innen und außen bewirken. Was der spezifische Beitrag der jeweiligen Position zum Zusammenspiel ist, sei nun erläutert.

G, Gegner, Entgegenstehendes, Gegenüber

Ein gemeinsamer Aktionswille braucht etwas *Entgegenstehendes*, das bei mehr als zwei Personen ein Interesse weckt. Dieser *Aufruf* wird herausfordernd erlebt, weil er sich entgegenstellt, in den Weg stellt, weil er als *Anruf* auftritt und eine Antwort fordert, zu einer Antwort herausfordert. In diesem

Sichaufdrängen wird das der Gruppe Entgegenstehende und damit das Gruppenbildende als aggressiv erlebt. Schindler (1993, S. 309) nennt dies das dynamische Ziel, das als »in Gegenrichtung bewegt erscheint und, personalisiert, sich daher als ›Gegner‹ darstellt«. Es ist das Moment, das zur Gruppenbildung anregt.

Im vorliegenden Text wird zur Bezeichnung *Gegenüber* oder *Entgegenstehendes* (Schindler 1957b, S. 115) oder auch *G* verwendet. Auch wenn der Begriff *Gegner* in den Originaltexten vorkommt, wird dieser Terminus mit Ausnahme von wörtlichen Zitaten vermieden, da Gegner:in persönliche Opponentinnen bzw. Opponenten nahelegt und damit das Bezeichnete enger führt, als es in der Positionsformel grundgelegt ist. G ist der Anlass für eine Gruppenbildung und zugleich das, worauf der aggressive Impuls der Gruppe verweist. In der grafischen Darstellung (siehe Abb. 3) wird diese Bewegung deutlich in der Linie der Alpha-Position auf G hin. Das Gegenüber wird in Angriff genommen (verdeutlicht in den älteren Skizzen durch die Pfeile) und es ist möglich zu scheitern.

Die Bedeutung des Entgegenstehenden: ein Beispiel zu G

Im Anschluss an den Vortrag Schindlers (1993) zu *Interventionen in kritischen Situationen* wurde das Fachpublikum zu einem Experiment angeregt: Schindler setzte eine Aufgabe als Gegenüber, zu der sich das Fachpublikum verhalten musste, und sei es, die Aufgabe gemeinsam abzulehnen.

Der Auftrag und die Auswertung des Prozesses werden wie folgt beschrieben:

> »Wir bilden drei Gruppen. Jede Gruppe hat die Aufgabe, mit Konsens einen Gruppenleiter zu wählen. Nachdem das gelungen ist, gibt Schindler in jeder Gruppe die zweite Aufgabe bekannt: Jede Gruppe soll wiederum mit Konsens einen Teilnehmer an die jeweilig nächste Gruppe abgeben. Für jede Aufgabe stehen 20 Minuten zur Verfügung. Dann treffen wir uns wieder im Plenum und jede Gruppe berichtet.

> Jede der drei Gruppen hatte Widerwillen, die gestellte Aufgabe zu erfüllen. Sie begrüßten es, in Kleingruppen zu sein, wollten sich aber gegen das Oktroy einer Aufgabe zur Wehr setzen. Hätten sie sich aber dazu hinter einem Alpha geeinigt, so hätten sie gerade die gestellte Aufgabe erfüllt, wozu kein potenzieller Alpha bereit war. So waren sie gezwungen, als ihren Gruppenleiter einen zu wählen, der sich mit der Stellung der Aufgabe identifizieren konnte, also einen Omega« (Schindler 1993, S. 317 f.).

Das Entgegenstehende kann bewusst *von außen* gesetzt werden (ein Arbeitsauftrag für ein neu zu bildendes Team, eine gruppendynamische Übung in einem Seminar, die Umsetzung einer neuen Verordnung, eine Person oder eine andere Gruppe) oder ungeplant und unverschuldet auftauchen. Letzteres wären beispielsweise ein drohendes Gewitter, eine Zugverspätung, das Auftauchen einer unbekannten Gruppe, ein Hindernis, das sich unvorhergesehen in den Weg stellt. Es sind Ereignisse, die eine gemeinsame Bewegung hervorrufen und als Entgegenstehendes erlebt werden. G kann aber auch *von innen* gesetzt werden, wenn ein Wunsch oder Bedürfnis auftaucht, das zu einem gemeinsamen Anliegen wird. Dies könnte ein Reformwunsch in einem Verein, eine Entwicklungsidee im beruflichen Feld, ein Geburtstag in einer Familie, ein Thema, das ins Gespräch gebracht wird, sein. Alles kann zum Gegenüber werden, sofern es Personen zu einem gemeinsamen Aktionswillen anstiftet und so Anlass zur Bildung einer gruppalen Bezogenheit wird.

Auch Personen können Position G einnehmen oder in diese gebracht werden. Wie kommt jemand in diese Position?

Beispielsweise

- kommen Personen in Position G, die sich durch ein autoritäres, herausforderndes Verhalten auszeichnen und damit eine Gruppenbildung ihnen gegenüber provozieren;
- starten Personen in der Leitung einer Gruppe zu Beginn eines Prozesses in G;

- kann eine Gruppe von Personen Anlass bieten, sich zu ihr zu verhalten, beispielsweise eine konkurrenzierende Gruppierung oder Institution, und wird so zum Gegenüber.

Zu betonen ist noch einmal, dass diese Position die Voraussetzung für ein Sich-einfinden in den Rangpositionen ist. Nur mit der Bestimmung von G kann auch die Person in der Alpha-Position gefunden werden. Im Umkehrschluss heißt das, kein Entdecken von Alpha ohne deutliches G, denn G geht der Rangordnung voraus, ist ihr Ermöglichungsgrund.

Daher sind Fragen nach dem Gegenüber zu stellen (vgl. Schindler 1970a, S. 221–228), beispielsweise: Gibt es ein Gegenüber? Was ist das Thema, der Kristallisationspunkt einer gemeinsamen Bewegung? Gibt es eventuell zwei oder mehr Themen, die parallel verhandelt werden?

Vier Rangpositionen und zwei Kreisläufe

Zwei maßgebliche Fragen sind nach Schindler in allen Gruppen leitend: (1) Wozu sind wir überhaupt beisammen (Aufgabe)? (2) Wer sind wir (Identität)? Verweist die erste Frage auf ein Gegenüber und wird getragen von einem *Aktionswillen*, nimmt die zweite Frage das Innenleben der in diesem Prozess aufeinander bezogenen Personen in den Blick und fokussiert die damit einhergehende *Affektdynamik*. Jede Frage ruft einen Kreislauf hervor, einer nach außen in der Aktion sichtbar, der andere im Inneren an den Affekten spürbar.

Kreislauf 1: Aktionswille oder »Wozu sind wir überhaupt beisammen?«

In der grafischen Darstellung der Positionsformel (siehe Abb. 3) ist dieser Kreislauf als Rechteck eingezeichnet.

Die einfache Antwort auf die oben genannte Frage könnte lauten: Wir sind zusammen, um unserer gemeinsamen Antwort auf ein Entgegenstehendes nachzugehen.

Von den Vorschlägen der prägruppalen Phase hat ein Vorschlag eine Mehrheit gefunden. Die Person, die diesen Vorschlag gebracht hat, kommt durch die Gefolgschaft in die *Alpha-Position.* Entgegen wiederholten Behauptungen kann niemand die Alpha-Position aus sich heraus einnehmen. In die Alpha-Position wird jemand durch eine Gefolgschaft gehoben. Das ist ein dynamisches Geschehen, in dem die Gefolgschaft die Macht über die Ausrichtung der Gruppe hat. Dort wird organisiert, wohin es gemeinsam geht, dort wird ermächtigt voranzugehen. Im Nachfolgen liegt der Auftrag an die Person in der Alpha-Position, voranzugehen und die eingeschlagene Richtung weiterzutreiben. Sollte die Person in der Alpha-Position diesen Gestaltungsauftrag nicht annehmen, davon abweichen oder den Vorschlag zurückziehen, würde das eine Orientierungslosigkeit in der Gruppe auslösen, weil die gemeinsame Bewegung unterbrochen würde. Nebenbei hätte das diverse Gefühle und enttäuschte Erwartungen zur Folge.

1) ALPHA-Position

Die Alpha-Position repräsentiert die Gruppe in ihrer Richtung auf das Gegenüber hin und ihre Dynamik nach außen (vgl. Pfeil in der Skizze in Abb. 3). Die Person in der Alpha-Position ist in der besagten Aktion die Erste der Gruppe, ist prestigetragend und geht voran. Ihr Erfolg ist der Erfolg der ganzen Gruppe (Schindler 1957a, S. 106). Das setzt sie in Spannung. Mit ihr identifizieren sich die Personen in der Gamma-Position, sie träumen sich in ihr, erleben sich in ihrer Potenz. Die Gegenposition im Rahmen der gemeinsamen Aktivität ist die Omega-Position, die zuletzt der eingeschlagenen Richtung folgt und damit scheinbar in eine Gegenrichtung zieht. Sachlich unterstützt wird die Alpha-Position von Personen in der Beta-Position, die sie an sich zu binden weiß.

Was hilft, in die Alpha-Position zu kommen und zu bleiben?

- Die Person muss *schicksalsanteilig* mit der Gruppe verbunden, als »einer der Unsrigen« erkennbar sein (Schindler 1957a, S. 107).

- Es braucht Vorschläge oder ein Tun (das kann auch ein Schweigen sein), dem gefolgt werden kann.
- Der Vorschlag muss der Gruppe entsprechen: inhaltlich, im Stil und der Gestimmtheit. Er darf nicht zu grell oder zu leise sein, nicht zu überschießend oder zu vorsichtig, denn die Gefolgschaft findet sich nicht nur in der inhaltlichen Sache wieder, sondern wird auch im Stil der Rede und in der Gestimmtheit mitgenommen.
- Um voranzugehen, brauchen Personen eine gewisse Exhibitionstendenz (Schindler 1957b, S. 117; Schindler 1959, S. 129).

2) GAMMA-Position

Die Individuen, die folgen, befinden sich in der Gamma-Position. Bei ihnen liegt die Macht über die Gruppenrichtung. Indem sie folgen, heben sie eine Person in die Alpha-Position und deren Vorschlag wird zur gemeinsam verfolgten Richtung. Die Motivation für das Folgen kann unterschiedlich sein: von einer inhaltlichen Übereinstimmung hin zur Abwesenheit eines alternativen Vorschlags, Gefallen am Stil der Rede finden oder jemandem gefallen wollen, sich von der Entscheidung einfach mitnehmen lassen, nicht anecken, Spaß haben, nicht zurückbleiben wollen. Die individuellen Motive für das Mitgehen können vielfältig gedacht werden und verschwinden wie auch die Personen in der Anonymität, die diese Position bietet. Deutlich wird, dass die Personen in Gamma mitgehen, doch wie weit und warum bleibt verborgen. Darin liegt ein Risiko für die Person in der Alpha-Position, die von ihnen abhängig ist. Solange sie folgen, ist die Bewegungsrichtung der Gruppe klar, aber wie lange werden sie folgen? Wann werden sie den Gefallen verlieren oder ermüden? Und wie können sie bei Laune gehalten werden?

Die Personen in der Gamma-Position identifizieren sich mit Alpha (in der grafischen Darstellung in Abbildung 3 wird dies durch die beiden senkrechten Linien zwischen Alpha und Gamma verdeutlicht). Sie sind nicht mit der Willensbildung im Sinne der Bewegungsrichtung der Gruppe belastet. Hier bleiben sie anonym, müssen sich nicht deklarieren oder die Gruppenrichtung begründen, wohl aber tragen sie die Arbeitsleistung. Würde die Gamma-Gruppe genauer betrachtet, ließe sich eine innere Abstufung festhalten. Denn

> »natürlich kommen nicht alle in dieser Bewegung gleichmäßig mit, sei es aus Unterschieden der Kondition oder Begabung dafür, oder weil sie Angst entwickeln oder eigentlich gar nicht wollten, sondern nur mitmachen, um nicht allein zu bleiben. Der Letzte dieser Zurückbleiber markiert die Omega-Position« (Schindler 1993, S. 309).

Wie findet sich jemand in der Gamma-Position ein?

Folgende Tätigkeiten führen nicht selten in die Gamma-Position: Personen beispielsweise

- gehen mit, sind bereit zu arbeiten,
- unterstützen einen Vorschlag und setzen sich für eine von jemand anderem genannte Idee ein,
- wollen keine oder wenig Verantwortung übernehmen,
- schwimmen mit und reihen sich in die Bewegungsrichtung ein.

3) OMEGA-Position

Die Person, die zuletzt der eingeschlagenen Bewegungsrichtung der Gruppe folgt, kommt dadurch in die Omega-Position und tritt aus der Anonymität der Gamma-Positionen heraus. Anders als die Person in Alpha, die vorangeht, hält die Person in der Omega-Position auf, verzögert das Vorankommen der Gruppe. Diese Bewegung des scheinbaren Mitgehens, die eigentlich hemmt, macht verdächtig. So wird der Person unterstellt, gegen die Gruppe zu arbeiten, letztlich an ihrem Versagen interessiert zu sein. Wenn schon G herausfordernd und sich aggressiv entgegenstehend erlebt wird, ist es naheliegend, dass jene Person, die die Bewegungsrichtung der Gruppe hemmt, mit dem Entgegenstehenden identifiziert wird. (Dies wird in der grafischen Skizze in Abbildung 3 mit den doppelten Linien zwischen G und Omega dargestellt.)

Das Verzögern wird als Entgegenstehen gegen die Gruppe wahrgenommen und daher die Person in der Omega-Position verbündet mit G fantasiert. In der Folge beginnen die Personen in der Gamma-Position, die Person in der Omega-Position so zu behandeln, wie sie träumen, dass sich die Person in der Alpha-Position G gegenüber verhält. (In der Skizze wird dies an den Pfeilen von Alpha zu G und Gamma zu Omega deutlich.)

Die Person in der Omega-Position wiederum »identifiziert sich mit dem, der sich der Gruppe zu widersetzen vermöchte und ihr standhalten könnte, und das ist natürlich der Gegner« (Schindler 1957a, S. 106). Im Eifer für die Sache, in der Überzeugung, dass der eingeschlagene Weg keine passende Antwort darstellt, getragen von einer anderen Lösungsidee oder in der Befürchtung, dass G unterschätzt wird, bleibt die Person in der Omega-Position eng an G gebunden und stellt die Gruppenrichtung infrage. Sie leitet ihre Legitimation von G ab.

Die Person in Position Omega wird in dieser Auseinandersetzung unterliegen, darin liegt ihre dynamische Bedeutung (Schindler 1957a, S. 109). Indem sie scheinbar unterliegt, gibt sie der Gruppe, was diese für den eingeschlagenen Weg braucht, um vorwärtszukommen. Das Besiegen kann verschiedentlich zum Ausdruck kommen: beispielsweise durch Witze und Humor, durch Fürsorge, eine Herablassung oder direkte Ablehnung bis hin zu Ignoranz und Ausschluss.

Dabei bietet sich Omega für die Projektion ambivalenter Gefühle im Geschehen an. Denn nicht alle sind mit der Gruppenrichtung voll zufrieden und einverstanden. Indem aber eine Person in Omega zurückbleibt, können an diese Position mögliche Ambivalenzen abgegeben werden. Dort sind sie auch ver- und behandelbar.

Beispiel aus der Praxis

Einige Mitglieder einer Arbeitsgruppe machen sich Gedanken über eine Kollegin. Man sei in Sorge, ob sie krank sei, womöglich sogar Suizidgedanken hege. Wie kommt es zu dieser Annahme?

Die Leitung der Arbeitsgemeinschaft ist neu bestellt und hatte in der letzten Zeit mit besagter Kollegin Diskurse in Meetings über den Umgang mit Kritik und wertschätzender Sprache. Die Kollegin kritisierte die neue Leitung, die Reaktion der Mehrzahl der Gruppenmitglieder diesbezüglich war kritisch, jedoch vorsichtig abwartend. Vielmehr wurden Durchhalteparolen und Beschwichtigungen, wie »das wird schon noch«, verbalisiert. Die Kollegin bleibt in dieser Dynamik mit der Formulierung der Kritik allein, trägt die Ambivalenz der Gruppenmitglieder zur neuen Gesprächskultur der Leitung und wird in dieser Position als krank behandelt. So bestärkt diese Positionierung die Bewegungsrichtung der Gruppe im Umgang mit der neuen Leitung.

Wird der Abstand der Person in der Omega-Position zu den Personen in der Gamma-Position zu groß und fällt sie zurück, treten Ermüdungserscheinungen und Unlust bei ihr auf. Dies hat meist zur Folge, dass die abgehängte Person aus der gruppalen Dynamik ausscheidet und nicht länger für die Spannung zur Verfügung steht (Schindler beschreibt dies 1993 im Bild eines Windhunderennens, S. 310). In diesem Fall kommt jene Person, die nun zuletzt folgt, in die Omega-Position, tritt als langsamste oder ängstlichste aus der Anonymität heraus und wird sichtbar. Die Dynamik bleibt wie oben beschrieben.

Wie kommt jemand in die Omega-Position?

Zwei Beobachtungen lassen sich bei der Lektüre der Originaltexte festhalten: Eine Person kommt in die Omega-Position

a) durch ein unsicher-ängstliches, zögerliches Auftreten oder das heroische Einnehmen einer Gegenposition;

b) indem sich die Person gezielt hinter die Gruppe in die letzte Position zur Bewegungsrichtung zurückfallen lässt.

Eine Rangordnung wurde auf diese Weise entwickelt, von der oder dem Ersten über die Gefolgschaft bis hin zur oder zum Letzten. Abseits dieser Rangreihe ist Rangposition Beta zu finden.

4) BETA-Position

Diese Position kann sich bilden, ist aber nicht notwendig für das dynamische Geschehen. Die Beta-Position steht abseits, wird gehalten von der Alpha-Position und ist an diese gebunden. Sie ist gruppenunabhängig und macht sich nützlich durch ihr Wissen, ihre Leistung, ihre Sachlichkeit. Personen, die diese Position einnehmen, unterstützen und legitimieren die Richtung der Alpha-Position, sind der Person in Alpha nützlich. In ihrer Unabhängigkeit ist es der Person in Beta möglich, mit der Gegenseite zu reden, ohne dass dies als Verrat erlebt wird. Denn Beta bleibt mit dem Spezialwissen emotional außen vor und ist in die inneren, affektiven Verwicklungen (→ *Kreislauf* 2) nicht involviert. Wenn diese Verwicklungen jedoch zunehmen, die Person in Beta mehr Zuspruch von Personen aus Gamma erhält, ist sie auf dem Weg, zu einem latenten Gegen-Alpha zu werden (in Abb. 3 ist dies in den gestrichelten Linien von Beta zu Gamma und Omega dargestellt).

Wer diese Position einnehmen will, braucht Sachkenntnisse, die im Interesse der Gruppe beratend zur Verfügung gestellt werden, und keinen Führungsanspruch.

Bis zu diesem Punkt ist die Positionsformel häufig bekannt. Nun gilt es, einen Blick auf das Innenleben zu werfen, das Schindler mit seinem psychoanalytischen Interesse ausgelotet hat. Denn »der Aktionswille nach außen wird also durch ein eigentümliches Zusammenspiel der Affekte nach Art einer Kreisdynamik im Inneren der Gruppe in Gang gehalten« (Schindler 1957b, S. 116). Unberührt davon bleibt die Beta-Position.

Kreislauf 2: Affektdynamik oder »Wer sind wir?«
In der grafischen Darstellung (siehe Abb. 3) ist dieser Kreislauf als Raute eingezeichnet.

Die Antwort darauf kann lauten: Wir sind die, die die Bewegung nach außen durch einen konkreten affektiven Kreislauf im Inneren gestalten und somit durch eine innere Struktur erkennbar sind. Der *affektive Kreislauf* führt von Alpha-Position gegen die Gamma-Position, von der Gamma-Position gegen die Omega-Position, von dort gegen die Alpha-Position.

Die gemeinsame Verfolgung des Aktionswillens und die Entwicklung der oben geschilderten Rangordnung lösen nach innen Affekte der Positionsträger:innen zueinander aus. Diese Affekte sind nicht an die Personen, sondern an die Rangpositionen gebunden. Unabhängig davon wird, wer eine Position einnimmt, von den Affekten bewegt, die zwischen den Positionen auftreten und ihnen vorausgehen.

Das lässt sich nachvollziehen: Der Aktionswille ist getragen vom Wunsch zu gewinnen (beispielsweise eine Aufgabe zu erledigen, ein Thema zu einem Ende zu bringen, eine Interaktionsübung erfolgreich zu absolvieren). Dieser Wunsch wird begleitet vom Zweifel, ob die Gruppe das gemeinsam schaffen kann und wird. Die Angst ist in diesem Zustand durch die entstandene Struktur relativ gebunden. Die Furcht gilt dem Entgegenstehenden, ob es bewältigbar ist oder ob es sich stärker erweist als die Gruppe und diese scheitern wird. So bringt der Wille, eine Aufgabe gemeinsam zu lösen, Personen in eine Interdependenz und Spannung zueinander. Alpha ist die Position, in der Personen der Gamma-Position sich kräftig träumen und diese mit Arbeitsleistung unterstützen. In der Omega-Position ist die Person, die bremst und daher

Ärger auslöst. Alles zusammen besehen, handelt es sich um ein instabiles und anfälliges Konstrukt. Das Auftauchen von Emotionen und Affekten ist naheliegend.

Die beiden Kreisläufe (der äußere und der innere) bedingen einander: Wenn sich eine Anzahl von Personen in einem Aktionswillen zu einem Ziel einfindet und eine Rangordnung ausbildet, dann ist mit folgender Soziodynamik oder Ordnung der Affektivität zwischen den Positionen zu rechnen. Diese Affekte sind den Bezogenheiten eingeschrieben und treffen die Personen in den jeweiligen Positionen.

Die Affektdynamik der Rangpositionen:

- Alpha-Position gegen Gamma-Position

Alpha geht der Gruppe voran und sammelt auf sich Erwartungen des Gewinnens. Im Vorangehen oder Vorangehenmüssen und der Bestätigung durch die Personen in der Gamma-Position wird die Abhängigkeit deutlich. Alpha führt an, trägt die Verantwortung und ist doch ohne die Gefolgschaft nichts. Diese will bei Laune gehalten werden. Es überrascht nicht, dass sich der Impuls von Alpha in diesem interdependenten Geschehen gegen Gamma wendet.

- Gamma-Position für Alpha-Position und gegen Omega-Position

Anders liegt die Affektivität der Gamma-Position: Gamma identifiziert sich mit Alpha, träumt sich in Alpha und ist positiv affektiv berührt. Wenn sich Alpha in der Rede gegen Gamma richtet, verursacht dies keinen Schaden, weil sich Gamma mit Alpha identifiziert und mit Alpha mitschwingt. Dadurch erleben die Personen auf den Gamma-Positionen die gegen sie selbst gerichteten Affekte durch Alpha nicht als vernichtend, sondern erleben sie als kräftigend, aufputschend.

Der ablehnende Affekt richtet sich gegen Omega, also zu der Position, die verzögert und die Gruppe am Fortkommen stört. Durch die Verzögerung wird Omega mit dem Entgegenstehendem in der Gruppe identifiziert. Gamma richtet sich in der Folge gegen den vermeintlichen Repräsentanten von G im Inneren der Gruppe. Dies geschieht in der Weise, wie Gamma sich wünscht, dass Alpha sich gegenüber G ausrichtet. Omega kommt dadurch an den Rand, ist ambivalent und randständig. Die Person gehört zur Gruppe und doch steckt dort der Zweifel der Zugehörigkeit. Im Affekt gegen Omega liegt die Vorstellung, dass ohne die Person in Omega die Gruppe schneller vorankommen würde und einheitlicher wäre. So wird versucht, entweder Omega zu ermutigen mitzugehen, sie einzufangen oder sie zu isolieren bzw. abzustoßen.

- Omega-Position gegen Alpha-Position

Die Person in der Omega-Position macht die Person in Alpha-Position als Ursache für die eigene nachhinkende Position in der Gruppe aus, spürt die Kraft gegen sich von dort ausgehen und wendet sich gegen diese. Das bringt wiederum Personen in der Gamma-Position gegen Omega auf. In ihrer Identifikation mit der Alpha-Position schützen und verteidigen sie diese Position und wenden ihre Aggression gegen das, was gegen Alpha gerichtet ist. In diesem Sinn wendet sich Omega affektiv gegen Alpha als Quelle der Aggression gegen sich und löst dadurch die Aggression von Gamma sich selbst gegenüber aus.

Dieser affektive Kreislauf bildet die *innere Struktur* einer Gruppe. Diese Struktur ist im gruppalen Zustand wie im Zustand der Institutionalisierung erwartbar. Wie sie konkret gelebt und gestaltet wird, welches Gesicht sie bekommt, bleibt Angelegenheit der jeweiligen Gruppe. Entlang dieses Kreislaufs und den mitgebrachten Möglichkeiten gestalten Gruppen ihre Identität. Beispielsweise

- kann der Ärger auf Omega unterschiedlich zum Ausdruck kommen, scheinbar humorvoll, fürsorglich oder aber abwehrend, aggressiv, herablassend, vernichtend;
- achtet Gamma darauf, dass der Abstand zur letzten Position nicht zu groß wird oder stößt Omega ab;

- entlastet die Person in Alpha die Person in Omega und baut Verzögerungen ein oder sie beschimpft die Person in Omega und straft damit alle ambivalenten Impulse der Personen in Gamma ab;
- tritt die Person in Omega ängstlich zögernd oder heroisch kämpfend auf.

Wie genau die Umsetzung gestaltet wird, bleibt den Mitgliedern der jeweiligen Gruppe in ihrem Zusammenspiel überlassen.

Einen weiteren Affekt nennt Schindler jenseits des affektiven Kreislaufs: Die Beta-Position ist affektiv in das interdependente Geschehen der drei anderen Positionen nicht involviert. Ihr Kennzeichen ist die Leistung, durch die sie sich der Person in der Alpha-Position und damit der Gruppenrichtung dienlich macht. Die Beta-Position wird von der Alpha-Position gehalten oder auch stellvertretend fallengelassen, sie ist mit dieser affektiv verbunden. Wer in die Beta-Position kommt oder sich dies wünscht, tritt nicht in den spannungsgeladenen Affektkreislauf ein, sondern bleibt in Distanz zu diesen Vorgängen.

2.3.3 Rangdynamikposition erleben und Wirkung erfahren

Wer in und mit Gruppen arbeitet, kann anhand der Positionsformel ein Erleben und Erfahren derselben in Ansätzen beschreiben. Denn an die rangdynamischen Positionen und die Position G sind spezifische Erwartungen gebunden, die unabhängig von der Situation, in der Menschen sich in der Positionsformel formieren, wie auch von den konkret involvierten Personen eintreten. Diese Erwartungen sind unbewusst an die Position gebunden, mit diesen verbunden und haben eine *Wirkung* auf das *Ich-Erleben* und die *Ich-Entwicklung* der Personen, die die Positionen innehaben. Für die Arbeit mit dem Modell hält Schindler (1960c, S. 385) eine je »anregende Wirkung der Gruppenposition für die Aktivität des einzelnen Gruppenmitglieds« fest. Und weiter: »Sie entspricht der unbewussten Erwartung, die die Gruppe gegenüber diesem Gruppenmitglied hegt. Reduzieren wir diese Erwartung um ihren individuell persönlich motivierten Anteil, so bleibt dennoch ein für die Dynamik der Gefühle und den Inhalt des Gesprächs recht bedeutsamer Anteil an Erwartung, der überraschenderweise in den unterschiedlichsten Gruppen durchaus gleichartig ist, sofern man die Individuen in jeweils gleichen Gruppenpositionen vergleicht« (Schindler 1960c, S. 385). Damit werden die fünf Positionen mit unbewussten Erwartungen ausgestattet, die eine anregende Wirkung auf die Aktivität der Personen in den Positionen haben sowie eine Wirkung auf deren Ich-Entwicklung.

In zwei Skizzen wird dies veranschaulicht: Die erste Skizze macht deutlich, wozu die Erwartungen an die Positionen Personen, die diese einnehmen, anregen (siehe Abb. 7), während in der zweiten Skizze die Wirkungen dieser Erwartungen auf die Ich-Entwicklung eingetragen sind (siehe Abb. 8). Beide Abbildungen verweisen auf die bekannte grafische Darstellung der Positionsformel: Alpha links oben, G rechts oben, Gamma links unten, Omega rechts unten und Beta mittig unten platziert.

Von der Person in der Alpha-Position wird von den Gruppenmitgliedern erwartet, voranzugehen, die Richtung vorzugeben, die Gruppe gegenüber G zu repräsentieren, so wie die Gamma-Position es sich wünscht. Das bestärkt die Position; die Gefolgschaft ist zwar anstrengend, aber durch die darin liegende Bekräftigung erlebt die Person sich in Alpha kräftig, mutig, kann und wird sich zeigen: Die Selbstdarstellung wird angeregt. Durch die an die Position gebundenen Erwartungen erfahren Personen in und durch die Alpha-Position Bestätigung, Selbstbestätigung und Impulse für ihr Selbstvertrauen, selbst wenn Scham und Ängste als Begleiterinnen solcher Bestätigungsprozesse auftauchen. Die damit einhergehende Wirkung der Alpha-Position auf der individuell-psychologischen Ebene ist eine Ich-Stärkung.

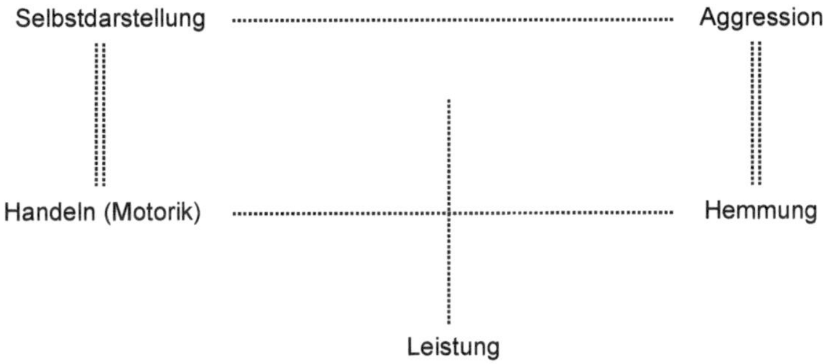

Abb. 7: Anregende Wirkung der Gruppenposition auf die Aktivität (Schindler 1960c, S. 385)

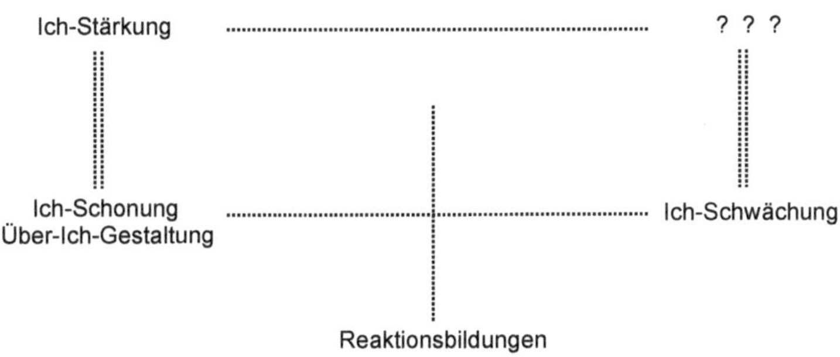

Abb. 8: Einfluss der Gruppenposition auf das Ich (Schindler 1960, S. 387)

Von Personen in der Gamma-Position wird aktives Mittun und das Vorantreiben der gemeinsamen Sache erwartet: Handeln und Vorwärtsgehen sind ihre Sache. Sie brauchen sich wenig deklarieren und bleiben eher anonym, gehen hinter Alpha her und tragen verminderte Mitverantwortung. Eventuell entwickeln sie leise konkurrenzierende Ideen zur Alpha-Position, jedoch ohne wirklich in Aktion zu treten, denn es geht darum, die Sache im Sinne Alphas voranzutreiben. Die anregende Wirkung dieser Position auf die Ich-Entwicklung ist eine Ich-Schonung und im Folgen zu Alpha eine stärkere Ausprägung der Über-Ich-Gestaltung. Folgsamkeit ist das, was sie können und auch tun sollen, dies kann lustvolle Züge annehmen.

Hingegen wirkt die Omega-Position hemmend und schwächend auf Personen, die sie einnehmen, denn von dieser Position wird eine Verzögerung erwartet: Sie sind jene, die aufhalten, lästige Fragen stellen, noch einmal nachfragen, zögern, Ressentiments und ängstliches oder heroisches Verhalten einbringen sowie die gerichtete Gruppenbewegung stören. Personen in der Position verhalten sich ambivalent zur Bewegungsrichtung des Großteils der Gruppe und spüren die Gefahr, aus der Gruppe hinauszufallen, da die Ambivalenz der Position durchaus mächtig im Prozess wirkt. Ihre Zugehörigkeit steht infrage, der Platz in der Gruppe wirkt unsicher. So ist es wenig überraschend, dass der Einfluss dieser Position auf die Ich-Entwicklung eine Ich-Schwächung darstellt. Denn »sie erhöht die Angstspannung und bedroht die Ich-Identität durch die ihr eigene Ambivalenzhaltung« (Schindler 1960c, S. 388). Die Omega-Position leistet und trägt die Ambivalenz für den Zusammenhalt der Gruppe.

Von der Beta-Position wird praktische und verwertbare Leistung für eine Alpha-Position erwartet. Dieser Leistungsanspruch stimuliert bei Personen in Beta-Position starke Anpassungsleistungen im Verhalten, die sich in einer Rigidität zur Erfüllung dieser ausdrücken können. Um dem erwarteten Leistungsanspruch gerecht zu werden, werden die eigenen Triebimpulse in Beta-Position abgewehrt. In dieser Reaktionsbildung zeigt sich eine Starrheit in der Verfolgung der Leistungserfüllung, auch um aufkommende Schuldgefühle, Angst oder andere unlustvolle Erlebenszustände (Trauer, Verlassenheit, Wut, Scham, Schuld, Ekel) zu bewältigen.

In den Originaltexten ist die Wirkung der Erwartungen auf Personen in Position G vorsichtig suchend oder forschend ungewiss, selbst wenn diese sich forsch und fordernd einbringen. Position G verweist auf die Aufgabe, bietet sich als Entgegenstehendes an, ist Konkurrent:in, übt eine Leitung aus und bietet Halt. G entfacht einen Aktionswillen und ermöglicht die Entwicklung einer gemeinsamen Bewegungsrichtung, einer zielgerichteten Kommunikation von einer Anzahl an Personen. Wird von Position G Aggressivität erwartet, kann dies bei Personen in Position G sowohl Abwehr als auch Aggression mobilisieren. Die Wirkung von Position G auf das persönliche Erleben ist tendenziell sachlich neutral. Letztlich wird von Schindler (1960c) in der Skizze keine anregende Wirkung auf die Ich-Entwicklung eingeschrieben.

Deutlich werden diese Erwartungen und Wirkungen in den jeweiligen Positionen im Gruppengeschehen. Beispielsweise wenn in einer Bergsteiger:innengruppe erste Ermüdungserscheinungen sichtbar werden, macht es einen Unterschied, aus welcher Position der Vorschlag zu einer Pause kommt:

- Äußert die Position Alpha ihre Müdigkeit, können alle ihre Müdigkeit eingestehen, nachgeben und eine Pause erscheint berechtigt und für den Erfolg wichtig.
- Kommt der Pausenvorschlag aus der Gamma-Position, wird es gleich mühsam, denn die Gruppe kann sich nicht entscheiden und wälzt sich letztlich weiter den Berg hinan.
- Spricht die Beta-Position das Bedürfnis nach einer Pause an, wird es als informativ eventuell interessiert von Position Gamma wahrgenommen, aber besitzt als Aussage keine Verbindlichkeit. Erst wenn Alpha den Vorschlag aufnimmt, kann eine Pause gemacht werden.
- Wenn die Omega-Position von einem Pausenbedürfnis spricht, wird der Vorschlag lästig erlebt und mit einer Mahnung beantwortet werden, keine Müdigkeit vorzutäuschen, sondern endlich weiterzugehen, um die anderen nicht aufzuhalten. Darin liegt ein kräftigender Impuls der Personen in der Gamma-Position. Sie identifizieren sich mit der Alpha-Position, erleben ihre Bedürfnisse in der Alpha-Position vertreten und angeregt und lehnen jede Identifizierung mit der Position der oder des Gruppenletzten ab; im Gegen-

teil delegieren sie ihre eigene Müdigkeit an diese:n, denn mit dem Bedürfnis der Person in der Omega-Position will sich niemand identifizieren.

Deutlich wird, dass allen Positionen sowohl im gemeinsamen Vorangehen wie auch im Ringen um die Identität der Gruppe nach innen hin eine unterschiedliche Bedeutung und Wirkung auf die Einzelnen zukommt. Das Potenzial eines gruppalen Zustands ist es, die Dynamik der Positionen zu erhalten und einen Positionswechsel im Prozess zu intendieren. Im gruppalen Zustand kann der möglichen Stagnation der Positionen und damit auch der Stagnation in den Wirkungen auf die Ich-Entwicklung entgegengewirkt werden. Gelingt ein dynamischer Wechsel von Positionen, können die Beteiligten sich neu und anders erleben: Beispielsweise ermöglicht ein neues dynamisches Ziel in G Personen, die lange Zeit in Alpha-Position arbeiteten, sich lustvoll in Gamma-Position mitreißen zu lassen und auszuruhen oder in Omega-Position die Möglichkeit der Gegenmacht zu erleben. Und Personen, die gesellschaftlich weniger oft in Alpha-Position kommen, haben endlich die Möglichkeit der Selbstdarstellung. Solche dynamischen Positionswechsel sind in der Pädagogik ein Raum für Entwicklung, in der Gruppentherapie und Sozialarbeit ein Muss für die Rehabilitierung und in Arbeitsteams eine Grundlage für Partizipation. Das Rangdynamikmodell entstammt einem sozialpolitischen Kontext, in dem der Beitrag der einzelnen Positionen durch ihre Interdependenz zu einem Wir entdeckt und entfaltet werden kann.

Im Unterschied zur gruppalen Phase fehlt das dynamische Moment in den Bezogenheiten der Positionen: Personen werden in diesen fixiert. Dadurch ist immer schon klar, wer sich in welcher Position befindet. Personen werden anhand von Verhaltenserwartungen festgemacht, zugeordnet, ordnen sich selbst zu, sind Träger:innen und Betroffene der typischen Affekte. Die Wirkung ist festgezurrt, man ist mit gleichbleibenden unbewussten Erwartungen wie auch mehr oder weniger anregenden Wirkungen konfrontiert. Die Personen in den Positionen Alpha und Omega haben permanent die größte Spannung zu tragen und stehen unter Dauerbelastung: die Alpha-Position, um der Gruppe voranzugehen und sich für die Identifikation der Gamma-Position anzubieten, die Omega-Position, um in der Ambivalenz zu bleiben und immer wieder verlieren zu müssen.

Wenn nun mit den Positionen unbewusste Erwartungen verbunden sind, die zu Aktivitäten anregen wie auch Wirkung auf die Ich-Entwicklung der Personen in den Positionen haben, ist es naheliegend, dass eine Fixierung in den Positionen einschlägig prägend ist für die betreffenden Personen. Dies betrifft vor allem Dynamiken in kleineren Gruppen und speziell Primärgruppen, das sind meist Familien. Denn setzt das Einzementieren von Positionen bereits im frühen Alter ein, kann dies »Persönlichkeitsstörungen zur Folge [...]« haben, »insbesondere Schädigungen oder Einseitigkeiten der Persönlichkeitsentwicklung« (Schindler 1967, S. 83). Geschieht dies frühzeitig in der Primärgruppe, hat dies bei der Entwicklung von Kindern und Jugendlichen eine Auswirkung auf die Ich-Entwicklung:

> »Unser Material weist darauf hin, dass das Durchleben der früh-infantilen und der Entwicklungsjahre in einer fixierten Omega-Position eine deutliche Disposition zur Ich-Schwäche ergibt [...] Dagegen steigert eine Fixierung in der Gegner-Position die Aggressionsentwicklung; [...] Eine andauernde Fixierung in Beta-Position scheint Reaktionsbildungen zu fördern, wie zynische oder depressive Lebenshaltungen. In Gamma-Position fixierte Kinder stehen meist unter dem starken Druck, dem Vorbild des Alpha-Vaters nachzueifern, und entwickeln ein sehr zwingendes, nicht unbedingt auch strenges Über-Ich. [...] Keineswegs gar so selten kommt es zur frühen Fixierung eines Kindes in der Alpha-Position der Familie. Das tritt dann ein, wenn eines der Eltern ausfällt [...] Beim Kind führt diese frühe Fixierung in Alpha zu einer Art Ich-Aufblähung mit überhöhten Ansprüchen gegen sich selbst und das Verhältnis zur Umwelt, sie finden in keinen Gruppenkontakt mehr herein, wenn man ihnen dort nicht die Alpha-Position einräumt« (Schindler 1971, S. 236 f.; vgl. auch Schindler 1966, S. 2783).

Hier schließt sich der Kreis zu den Anfängen des Rangdynamikmodells: Familien von Patientinnen und Patienten der Abteilung an der Wiener Universitätsklinik wiesen ein starres Familiengebilde hinsichtlich ihrer Positionierungen und damit verbundener Erwartungen auf, das einengend und in gewissen Fällen krankmachend wirken kann.

3 Begriffs-Entwicklungen für die Praxis

Begriffe ermöglichen, etwas zu sehen und Dinge voneinander zu unterscheiden. Je klarer sie sind, desto stärker lenken sie den Blick, lassen etwas sehen, was vorher nicht oder nicht in dieser Klarheit sichtbar war. Eine Klärung von Begriffen, wie es in den Originaltexten von Schindler zum Modell beobachtbar ist, legt Missverständnisse in der Vermittlung und eine Weiterentwicklung des Modells nahe. Verschiedene Ausdrücke für denselben Sachverhalt zu verwenden, zeigt möglicherweise aber auch ein Ringen Schindlers um eine passende Begrifflichkeit. Beide Bewegungen sind in den Arbeiten zum Modell, den Artikeln und Vorträgen nachzulesen und erkennbar. Vor allem betrifft dies die Begriffe *Position* und *Stellung* sowie *Rolle* und *Position*, die teilweise ineinanderfließen und doch nicht identisch sind, wie auch den zweifach verwendeten Begriff *Gruppe* oder die Benennung der kollektiven Bezogenheiten. Dieses sprachliche Ringen kann bei der Lektüre der Originaltexte verwirren. Wir wollen nun im folgenden Abschnitt zentrale Ausdrücke des Rangdynamikmodells *ent*wickeln und für eine gegenwärtige Lektüre verständlicher machen, sie für die Praxis des Rangdynamikmodells entwirren.

3.1 Stellung und Position

Die Bildung einer Rangstruktur in der gruppalen Phase kennzeichnet sich durch das Vorhandensein von fünf Positionen, davon vier Rangpositionen. Bis Ende der 1950er-Jahre verwendete Schindler für Positionen auch den Begriff *Stellung*. Schindler (1957a, S. 111) schreibt beispielsweise, dass Gruppentherapeutinnen und -therapeuten zu Behandelnde durch die Alpha-Position führen und in Omega-Stellung befindlichen Patientinnen und Patienten neuen Aufschwung geben können, indem ihnen das Erreichen einer Beta-Stellung ermöglicht wird. Im Text *Soziodynamik der Krankenstation* (Schindler 1957b) werden die Stimmungen an einer Station in einem Krankenhaus durchdekliniert, in dem die Pflege, die Mediziner:innen und Assistent:innen in verschiedene Stellungen, d. h. Positionen, gebracht werden. So ist zu lesen, dass in einem strengen oder angespannten Klima der betreffenden Station spürbar wird, wenn die Pflegeperson oder das Pflegepersonal in G-Position bleibt. Ganz anders wird das Klima, nämlich warm und persönlich, wenn sich die Pflegeperson in Alpha-Stellung befindet, oder aber gereizt, wenn sie die Omega-Stellung einnimmt (Schindler 1957b, S. 118). In dieser Zeit noch synonym mit Position verwendet, tauchen Begriffe wie Alpha-Stellung oder Betastellung (auch die Schreibweise war variabel) ab Anfang der 1960er-Jahre nicht mehr auf und werden von der einheitlichen Verwendung des Begriffs Position abgelöst.

3.2 Rolle und Position

Anders verfuhr Schindler mit dem Begriff *Rolle* im Verhältnis zum Begriff *Position*, die beide im Laufe der Zeit an Schärfe gewannen. Noch 1957 formulierte Schindler:

> »Indem wir in eine Gruppe eintreten, müssen wir eine der vier Positionen einnehmen und eine ›Rolle‹ in ihr spielen« (1957a, S. 106).

Diese Aussage kann erweiternd oder wiederholend gelesen werden, d. h., eine Position einzunehmen ist dasselbe, wie eine Rolle zu spielen. Dazu passend wird in der Zusammenfassung des betreffenden Artikels festgehalten:

> »Jede Gruppe weist eine typische innere Dynamik auf, die von vier charakteristischen Positionen getragen wird. Diese sind die Positionen des ›Führers‹, ›Fachmanns‹, ›Mitgliedes‹ und des ›Prügelknaben‹ […]« (Schindler 1957a, S. 111).

Kurz darauf wiederholt er:

> »Wer in die Gruppe eintritt, muss eine dieser Rollen einnehmen, wobei deren spezifischer Charakter mit dem individuellen Charakter der Persönlichkeit interferiert« (Schindler 1957a, S. 112).

Legen diese drei Aussagen einerseits eine Gleichsetzung oder ein ungeklärtes Verhältnis von Rolle und Position nahe, bleibt andererseits ein Unbehagen zurück, denn *Position einnehmen* und *Rolle spielen* können in diesen Aussagen auch erweiternd und voneinander verschieden gelesen werden. Diesem Verständnis wird er in späteren Texten folgen und die Begriffe differenzieren. In der Rezeption des Modells begegnet wiederholt diese frühe Festlegung: Alpha ist der Führer, die Führerin, Beta die Fachfrau bzw. der Fachmann etc. Mit Blick auf die Weiterentwicklung handelt es sich jedoch nur um eine frühe Lesart der Positionsformel, die mit Ende der 1960er-Jahre eine Differenzierung erfuhr.

Im Text *Pars pro Toto* (Schindler 1970a, S. 222–225) ist zu lesen: Positionen entstehen in der gruppalen Phase, benennen die Rangpositionen sowie die Position des Gegenübers, während Rolle die inhaltliche Gestaltung einer Position beschreibt. Rolle ist kein Ort in der zugrundeliegenden Figur der Positionsformel, sondern eine Ausgestaltung oder Einkleidung dieser. Sie ist zu verstehen als inhaltlicher »Kompromiss zwischen dem je individuellen Bedürfnis und den Ansprüchen der Gruppe« (Schindler 1970a, S. 222).

> In der Ausdifferenzierung wird der Begriff *Position* für die *Eckpunkte (Notwendigkeiten)* verwendet, die *die gemeinsame Dynamik tragen*, während *Rolle* fortan die inhaltliche Ausgestaltung einer Position benennt, die im Prozess dynamisch hergestellt wird.

Wie kommt nun eine Position zu einer inhaltlichen Gestaltung oder wie werden Rollen im gruppalen Prozess erworben?

Eine Person kommt in einer Gruppe in die Alpha-Position, weil sie einen Richtungsvorschlag bringt, der dem Interesse und der Gestimmtheit der Mehrheit der Gruppe entspricht. Wer nun in die Alpha-Position kommt und die Richtung auf G hin anführt, definiert in der vorgeschlagenen Richtung eine Idee von G und sich im Gegenüber zu G. Dieselbe Aufgabe (G) kann einfach oder schwierig erscheinen, derselbe Berg (G) unbezwingbar oder machbar, eine Vorgesetzte bzw. ein Vorgesetzter als verlässlich oder intransparent, eine Lehrerin oder ein Lehrer als distanziert oder zugewandt gelesen werden. Wie das Entgegenstehende gelesen wird, hängt von der konkreten Gruppe, von deren Stimmung ab, die in der Alpha-Position formuliert wird. In der Spannung der Alpha-Position zu G bietet die Person in Alpha für sich und G eine inhaltliche Gestaltung an, die von den weiteren Mitgliedern mitgetragen, geteilt und übernommen wird. Die Person in der Alpha-Position formuliert insofern die Gestimmtheit der Gruppe.

In einem Beispiel legt Schindler (1970a) dar, wie das gedacht werden kann: Ein Gruppentherapeut in der Position G wird aufgrund seines Schweigens als übermächtiger Vater erlebt. Ihm gegenüber kommt jene Person in Alpha, die in der Stimmung der Gruppe die Unabhängigkeit vom Therapeuten anstrebt und sich als *Ich-selbst-Analytiker* deklariert. In dieser Person formuliert sich eine Mehrheit der Teilnehmenden oder findet ihre Gestimmtheit eine Stimme. Es ist naheliegend, dass jene, die in dieser Szene zuletzt folgen, sich in der Rolle *Noch-Schülerin* oder *Noch-Analysand* wiederfinden. Wäre die Gestimmtheit der Gruppe anders gelagert, könnten sowohl der Therapeut in Position G wie auch die Rangpositionen eine andere inhaltliche Gestaltung und damit andere Rollen bekommen, beispielsweise wenn die Musterschülerin die Position Alpha einnehmen würde. Daraus folgt: Die inhaltlichen Zuschreibungen, die sogenannten Rollen, werden durch die gemeinsame Richtungsfindung in der gruppalen Phase in Szene gesetzt und definiert. Wird eine neue

Aktionsrichtung auf G eingeschlagen, ist mit einer Änderung der inhaltlichen Ausgestaltung der Positionen zu rechnen. Die Rollen werden entlang der dominanten Interpretation auf G hin und entlang der mit der Richtungsentscheidung folgenden Positionsfindung entwickelt.

Dabei treibt jene Person, die die Gestimmtheit der Gruppe in der Alpha-Position zum Ausdruck bringt, die inhaltliche Gestaltung aller Positionen maßgeblich voran. Entlang ihrer Idee des Geschehens im Sinne der Szene kleidet sie G sowie alle Rangpositionen ein. Ihre Sicht auf das Geschehen wird dominant und von den weiteren Beteiligten übernommen. Anders formuliert: In der gemeinsam entwickelten Szene zeigt sich die Interpretation und Übertragung der bzw. des Gruppenstärksten. Diese ist gegenüber den Übertragungen der anderen Mitglieder dominant, d. h., die Person in der Alpha-Position führt in der Szene Regie. Ihrem Angebot, die Situation zu lesen und zu verstehen, folgt die Gruppe entsprechend.

Zwei Rollen-Stereotypen greift Schinder (1970a) besonders heraus: Sündenbock und Prügelknabe. Werden diese in einer Gruppe entwickelt, so sagt dies mehr über den Zustand der Gruppe aus als über die Träger:innen dieser Stereotype, die meist in der Omega-Position positioniert werden. Beide Stereotype sind Bewältigungsversuche für innere Krisen beziehungsweise Konflikte der Gruppe:

> »Der Gruppe gelingt es nicht, ihre Identität zu finden oder zu erhalten. Sie muss ein Mitglied opfern, sei es, um den Konflikt zu lokalisieren oder um durch den Verzicht auf dieses Mitglied ihn zu bewältigen« (Schindler 1970a, S. 227).

Die Funktion des *Sündenbocks* ist, dass auf ihn Schattenseiten, nicht eingestandene Unzulänglichkeiten, für die Aktivität der Gruppe negative Eigenschaften übertragen werden. Wird der oder die Rollenträger:in dann tatsächlich in die Wüste geschickt und abgestoßen, entlastet sich die Gruppe von ihren Projektionen und diesen Eigenschaften. In der Wirkung erlebt sich die Restgruppe gestärkt, bekommt durch diesen Abstoß einen Impuls nach vorne. Wenn nur mehr wenig Zeit ist, um zum Ziel zu kommen, erlebt sich die Gruppe dadurch in ihrer Kraft. Bleibt jedoch der Weg noch weit und gerät die ausgestoßene Person aus dem Blick (Schindler 1993, S. 310), wird sich mit hoher Wahrscheinlichkeit die Dynamik wiederholen, denn mit dem Ausscheiden des Sündenbocks rückt eine andere Person an die letzte Rangposition nach. Der innere Konflikt, die Identitätskrise, ist nicht gelöst, aber die ursprüngliche Gruppe in ihrem Bestand zerstört. Sie ist kleiner geworden und muss sich neu in einer Balance finden. Deutlich geworden ist die Aggressivität der Gruppe, die bei der Lösung des Problems auf das Eliminieren zurückgreift.

Anders ist es beim *Prügelknaben:*

> »Hier wird die Gruppe als Ganzes nicht zerstört, das Opfer wird nicht ausgestoßen, sondern bleibt der Gruppe erhalten und dient ihr, um ihre innere Spannung zu lokalisieren und damit auszuhalten und darzustellen« (Schindler 1970a, S. 226).

Der Prügelknabe wird durch dieses Prügel-Ritual immer wieder besiegt und hält durch die eigene Schwäche die Gruppe in Siegerlaune. Um dieses Prozedere längere Zeit durchzuhalten, braucht es eine große Leidensfähigkeit, eine hohe Abhängigkeit von der Gruppe beziehungsweise die Zugehörigkeit muss für die betreffende Person eine hohe Attraktivität bieten (Schindler 1993, S. 310). Scheidet die Person in der Rolle des Prügelknaben aus, wird sie umgehend zum Sündenbock umgestaltet (Schindler 1970a, S. 226).

Beide Stereotype – Sündenbock und Prügelknabe – dienen dem Spannungsabbau der Mehrheit der Mitglieder, der kurzfristigen Konfliktbewältigung, der Verarbeitung der inneren Krise und verweisen auf den Zustand einer Gruppe. Letztlich misslingt diesen Gruppenformationen der gemeinsame Selbstregelungsprozess.

3.3 Haltungen, Positionen und Positionswechsel

Wer kommt nun in welche Position? Gibt es Personen, die für eine Position prädestiniert sind? Können Positionen selbstständig und zielgerichtet gewechselt werden?

Im folgenden Abschnitt geht es um individuelle Haltungen und ihre Affinität zu Positionen sowie bewusst angestrebte Positionsänderungen. Denn individuelle Haltungen können Personen wiederholt in konkrete Positionen bringen, jedoch ist von einem Automatismus oder gar davon, von Alpha- oder Omega-Typen zu sprechen, Abstand zu nehmen.

1) Individuelle Haltungen oder Charaktere

Verhalten sich Personen ängstlich oder zögerlich, laufen sie Gefahr, in Omega-Position zu kommen. Indem ihre individuelle Haltung sie zögern lässt, hinken sie hinterher, bremsen die Gruppe in ihrer Bewegung, verzögern das gemeinsame Vorankommen, werden mit dem Entgegenstehenden (G) identifiziert und rutschen in die Position der oder des Gruppenletzten. In diesem Fall ist eine wiederholt eingenommene Omega-Position biografisch verständlich. Ähnliches kann für die weiteren Positionen formuliert werden. Eine Person bringt möglicherweise biografisch eine Haltung mit, die im gruppalen Geschehen eine Affinität für eine Position aufweist. So braucht es unter anderem die Bekanntgabe von Ideen, ein öffentliches Auftreten, Kreativität, Lösungsvorschläge, einen Willen zur Gestaltung, um in die Alpha-Position zu kommen, während eine Haltung des Mitgehenkönnens, Nichtauffallens, der Schonung, der Zurücknahme notwendig ist, um in die Gamma-Position zu kommen. Haltungen für die Beta-Position sind Sachorientierung, Wissen, emotionale Distanz und in der konkreten Situation wenig Machtimpuls; anders weist ein autoritäres Auftreten oder ein autoritär erlebtes Auftreten eine Affinität zu Position G an. Mit Worten von Schindler (1959, S. 129):

> »Das ängstliche Individuum ordnet sich in Omegaposition, autoritär anspruchsvolles Gehaben provoziert häufig die Gruppenbildung gegen sich und gerät daher in die Position des Gegners. In Beta-Stellung finden wir vielfach etwas zwanghaft-pedantische Charaktere, während für die Alpha-Rolle eine gewisse Exhibitionstendenz günstig zu sein scheint, die allerdings das für die Gruppe erträgliche Maß nicht übersteigen darf.«

Haben diese biografischen Haltungen eine Affinität zu Positionen, kann jedoch keine Garantie gegeben werden, dass diese auch tatsächlich eingenommen werden. Die Vergabe der Positionen ist ein gruppales Geschehen und kein individuelles Wunschkonzert. So kann in einer Gruppe mit einer ängstlichen Gestimmtheit auch eine zögerliche Person in die Alpha-Position kommen oder bei einem Ringen um die Gruppenrichtung eine Person mit klarem Anspruch in die Gamma- oder Omega-Position. Eine individuelle Haltung oder auch ein Auftreten auf der Basis dieser Haltung eröffnet Positionen und legt diese nahe, kann deren Einnahme jedoch nicht garantieren.

2) Bewusst angestrebte Positionsänderung ohne Garantie für ein Gelingen

Wissend um die Affinität von Haltungen zu Positionen sowie die Erwartungen an Personen in den Positionen ist es möglich, einen Positionswechsel anzustreben. So kann es in der Dynamik einer Gruppe gelingen, eine Position absichtsvoll zu wechseln, beispielsweise wenn jemand aufgrund einer gegenläufigen Meinung in die Omega-Position gekommen ist. Diese kann verlassen werden, wenn es gelingt, sich in die Gamma-Position zu bringen. Das ist möglich, wenn die gegenläufige Meinung nicht länger vertreten wird, man sich der Richtung der Restgruppe anschließt und diese das auch akzeptiert. Dieser Positionenwechsel hat eine individuelle Entlastung für die betreffende Person zur Folge, denn das anstrengende Hinterhergehen und Besiegtwerden wird verlassen. Wenn das Zögern der Grund für die letzte Position ist, dann könnte eine weniger zögerliche Haltung einen Positionswechsel ermöglichen. In letzter Konsequenz kann eine Person in der Omega-Position die Gruppe verlassen, um sich zu entlasten.

Ein angestrebter Wechsel von der Beta-Position in die Alpha-Position braucht unter anderem einen Willen zur Macht, einen Konkurrenzimpuls, einen Schritt in den affektiven Kreislauf der Gruppe. Doch dieser Schritt kann sie auch in jede andere Rangposition bringen, während eine Personifizierung mit der Aufgabe (G) die Person in Beta aus der Rangordnung ausscheiden lässt und zum Gegenüber macht. Eine Referentin beispielsweise, so Schindler, ist anfänglich in Position G und kann bei einem Vortrag versuchen, in die Alpha-Position zu kommen. Vorausgesetzt ist die Herstellung einer Schicksalsanteiligkeit und eine Vorstellung von der Gestimmtheit der Gruppe. Wenn die Person in Alpha-Position bei Änderung von G eine andere Lösung unterstützt, wechselt sie in eine Gamma-Position. Weitere angestrebte Positionen können mit Blick auf eigene Gruppenerfahrungen unter Beachtung der Dynamik dieses Modells selbstständig weitergesponnen werden. Wichtig ist, dass Positionen nur im Zusammenspiel der Personen eingenommen werden können.

3) Rochade als Begriff für ein beraterisches oder therapeutisches Handeln durch eine dritte Person

Die Grammatik der Rangdynamik wurde im Rahmen der bifokalen Gruppentherapie entwickelt und angewandt. Grundlegend sind die Erwartungen und Wirkungen der eingenommenen und zugeordneten Positionen auf die Ich-Entwicklung von Patientinnen und Patienten. Wenn die Alpha-Position ich-stärkende Wirkung hat, ergibt es Sinn, zu Behandelnde mit Ich-Schwäche in die Alpha-Position zu bringen, im aktuellen Gruppenprozess unter Druck stehende Personen vorübergehend die Gamma-Position zur Entlastung zu ermöglichen und so weiter. Bei der therapeutischen Verwendung des Modells arbeitet Schindler mit der zugrunde gelegten Dynamik, wissend um die Wirkung der Positionen.

Diesem Kontext entstammt die Figur einer *Omega-Rochade:* Ursprünglich wird damit ein therapeutischer Schritt bezeichnet, bei dem sich der Therapeut oder die Therapeutin von der beratenden ärztlichen Position G gezielt in die Omega-Position zurückfallen lässt. Ziel dieses Vorhabens ist, die aktuell in der Omega-Position befindliche Person zu entlasten, aus dem Fokus zu nehmen und ihr in der Anonymität von Gamma mehr Bewegungsfreiheit zu verschaffen.

Doch nicht alle Positionswechsel sind für eine Gruppe förderlich. So nennt Schindler den bewussten Wechsel einer Person von der Alpha-Position in die Omega-Position als wenig förderlich, weil »dies den Bestand der Gruppe gefährden und zu unkontrollierbaren Reaktionen der einzelnen Mitglieder führen kann« (Schindler 1957a, S. 111). Dennoch vermag im Rahmen eines Gruppengeschehens eine Person aus der Alpha-Position in die Omega-Position zu wechseln. Dies ist jedoch kein beraterisches oder therapeutisches Manöver, sondern Folge der Dynamik der Gruppe, wenn die Personen in der Gamma-Position von sich aus die Richtung wechseln.

Therapeutinnen und Therapeuten, Trainer:innen sowie Berater:innen bleiben für Schindler nicht notwendig in Position G, sondern bringen sich selbst in die Dynamik ein, können bewusst Manöver anregen (Alpha-Position), bestätigen und folgen (Gamma-Position), infrage stellen (Omega-Position), die Person in der Alpha-Position bestärken und beraten (Beta-Position). Einzig zu bedenken ist, dass sich bei einer durchgängigen Einnahme der Alpha-Position in der Szene der Gruppe das Unbewusste spiegelt und dieses folglich das Geschehen dominiert.

3.4 Formale Rolle oder Funktion und Position

Mit dem Wechsel von Trainer:innen oder Therapeut:innen in den Positionen ist das Thema der formalen Rollen oder Funktionen in Verbindung mit den Positionen eingeleitet. Welche

Bedeutung spielen diese bei der Einnahme von Rangpositionen und Position G?

Therapeut:in und Klient:in, Leitung und Teilnehmende:r, verschiedene hierarchische Leitungsebenen, Lehrer:in und Schüler:in … werden je nach Lesart als formale Rollen (Antons, Ehrensperger u. Milesi 2019, S. 68) oder aber als Funktionen (Pechtl 1995, S. 202) benannt. Sie zeichnen sich durch deutlich definierte und offiziell anerkannte Erwartungen aus in Bezug auf diejenigen Personen, die diese formale Rolle oder Funktion einnehmen. Dies erleichtert das gemeinsame Tun. Formalen Rollen gehen den Funktionsträgerinnen und -trägern voraus, beispielsweise Abteilungsleitung, Trainer:in, Mitglied. Funktion wird hier gelesen als »eine erworbene, verliehene, vereinbarte oder festgelegte Rahmenbedingung in einer sozialen Gemeinschaft, die an beidseitig abgesprochene Tätigkeiten gebunden ist« (Pechtl 1995, S. 202).

Wenn nun Personen in verschiedenen Funktionen aufeinandertreffen, so können sie unabhängig von den formalen Rollen in der gemeinsamen Dynamik in verschiedene Positionen kommen. Dabei kann die leitende Person die Alpha-Position einnehmen, muss aber nicht, eventuell findet sie sich auch in G wieder oder vermag bei einer Aufgabe in der anonymen Mitgliedschaft mitzugehen. Anstrengend wird es für Leiter:innen, wenn sie die Verantwortung haben und sich in der Omega-Position befinden. In solchen Fällen wird es nicht wundern, wenn die Leitung kraft ihres Amtes durchgreift und das Team hinter sich zwingt. Die Leitung innezuhaben, ist nicht gleichzusetzen mit der Einnahme der Alpha-Position, gleichwohl bedeutet Mitglied in einem Team zu sein nicht notwendig, sich in einer Gamma-Position einzustellen. Ausschlaggebend für die Einnahme von Positionen im Rangdynamikmodell ist – vorausgesetzt, die Gruppe befindet sich in einer gruppalen Phase – die miteinander verbindende Dynamik auf eine gemeinsame Aufgabe oder ein Entgegenstehendes hin. Es geht um die Dynamik im Hintergrund, die jenseits hierarchischer formaler Rollen entwickelt wird und zu denken ist.

Das fordert vor allem Leitungen heraus, wenn die (Rest-) Gruppe eine andere Aktionsrichtung einschlägt als von der Leitung gewünscht. In diesem Fall wird die Leitung auf ihre formale Macht zurückgreifen und eine Durchsetzung verordnen. Dieser Akt könnte sie in Position G bringen, zu der sich eine neue Soziodynamik entwickeln würde, oder in die Omega-Position, der kraft vorgegebener Machtverhältnisse zu folgen ist.

Wie beispielhaft Positionen mit Funktionen verbunden werden und welche Wirkung das auf die Atmosphäre einer Einrichtung hat, ist nachzulesen im bereits zitierten Beitrag *Soziodynamik der Krankenstation* (Schindler 1957b).

3.5 Status und Position

Im vorangegangenen Absatz klingt bereits das Thema *Status* in Verbindung mit den Positionen an. Status (Antons, Ehrensperger u. Milesi 2019, S. 69 f.) kann sich formell, informell oder gesellschaftlich bilden.

a) Ein formeller Status wird mit einer formalen Rolle verliehen, ist dieser per Funktion eingeschrieben (beispielsweise die Leitung einer Gruppe oder Organisation).
b) Informell kann sich eine Person in einer Gruppe einen Status erarbeiten, denn in Gruppen ist mit einer ungleichen Verteilung von Bewertung und Anerkennung zu rechnen. Je nachdem, wie Personen sich einbringen, ihre Interessen durchsetzen können oder aufgrund ihrer Seniorität erlangen sie im Gruppenprozess unterschiedliches Ansehen. So ist es naheliegend, dass den Personen mit höherem Ansehen in einer konkreten Gruppe schneller gefolgt wird als anderen.
c) Eine Person kann aufgrund der Zugehörigkeit zu gesellschaftlichen Gruppen (beispielsweise sozioökonomi-

sche Klasse, Geschlecht, Erstsprache, Beeinträchtigung) in einer konkreten Gruppe hohes Ansehen erhalten. Dieser Status ist weder verliehen noch erworben, sondern basiert auf einer vorausgehenden, gesellschaftlich gewachsenen Ordnung und den damit einhergehenden Ungleichheiten. Durch die Zugehörigkeiten werden Personen verschiedentlich mit Möglichkeiten zur Teilnahme an den Verhältnissen sowie zur Gestaltung des eigenen Lebens ausgestattet. Da konkrete Gruppen sich auf dem gesellschaftlichen Hintergrund entwickeln und keinen neutralen Raum darstellen, nehmen die Zuordnungen und Ungleichheiten einen Einfluss in der Dynamik des Miteinanders. Nicht bewusste Rassismen oder Sexismen, Ideen von Gesundheit und Fitness, Kompetenzzuordnungen zu privilegierten Personen fließen in das gemeinsame Tun ein. So kann es passieren, dass Personen aus Minderheitsgruppen beziehungsweise jene, die so gelesen werden, im konkreten Gruppengeschehen mit Benachteiligungen konfrontiert sind, sie weniger Redezeit bekommen und ihnen weniger schnell gefolgt wird, während Personen aus Mehrheitsgruppen oder solche, die entsprechend gelesen werden, mit einer Selbstverständlichkeit Raum für sich beanspruchen, der ihnen zugehörig und natürlich erscheint. So kann sich die vorausgehende Ordnung im Hier und Jetzt einer Gruppe widerspiegeln und der gesellschaftlich mitgebrachte Status beeinflusst die Dynamik, beispielsweise wenn ein und derselbe Vorschlag von einem weiblichen Mitglied ungehört bleibt, aber aus dem Mund eines männlichen Kollegen Zustimmung bekommt; wenn eine andere Erstsprache in der prägruppalen Phase es erschwert, das Wort zu ergreifen; wenn eine Person of Color latent mit emotionalen Zuschreibungen konfrontiert wird; wenn einer Person mit physischer Beeinträchtigung das Denken abgesprochen und sie immer schon als verzögernd betrachtet wird.

Es wird deutlich, dass der Status, in welcher Form auch immer, im konkreten dynamischen Geschehen bedeutsam sein kann, um in eine rangdynamische Position zu kommen. Aber auch hier gilt, dass keine Garantie oder Vorhersagbarkeit gegeben ist. Denn vorausgesetzt, die Personen befinden sich in einer gruppalen Phase, werden die Positionen im gemeinsamen Prozess entwickelt, verändert, fixiert.

4 Interventionspraxis

Die Rangdynamik ist ein praktisches und gleichzeitig komplexes Modell, um diverse dynamische Muster von Kollektiven zu verstehen. Wofür ist das aber gut? Was ist nun das Praktische am Modell? Wie können Gruppenleiter:innen, Pädagog:innen, Führungskräfte, Psychotherapeut:innen, Berater:innen, Sozialarbeitende und Mitarbeitende mit dem Rangdynamikmodell arbeiten und was wird dadurch bewirkt?

Schindler hat zahlreiche konkrete Beispiele beschrieben, die dem Verstehen von kollektiven Prozessen dienen. Wir zitieren eines der bekanntesten Beispiele, das eindrücklich die Entwicklung kollektiver Zustände beschreibt und speziell die Bedeutung der Omega-Position für die Entwicklung von Gruppen unterstreicht.

Die Gruppenszene findet am Berg statt:

> »Eine Gruppe von Bergsteigern leidet unter der Steile des Aufstiegs und der zunehmenden Hitze des Tages. Der große Gegner, der Berg, beginnt bedrohliche Abwehrkräfte zu entwickeln. Das schwächste Mitglied der Gruppe, ein Mädchen, das schon in der Hütte schlecht geschlafen hatte, bleibt immer weiter zurück. Das allgemeine Tempo verlangsamt sich derart, dass Zweifel entstehen, ob solcherart das Ziel, der Gipfel, überhaupt erreicht werden kann. In der Gruppe entsteht eine Spannung zwischen Teilnehmern, die das Tempo beschleunigen möchten, um das Ziel zu erreichen, und anderen, die es verlangsamen wollen, um ihrer Müdigkeit nachzugeben. Letztere argumentieren, man müsse auf das Mädchen am Schluss Rücksicht nehmen. Dieses wehrt alle Rücksichtnahme ab, wird aber im selben Maße müder und müder, bleibt immer weiter zurück. Da sagt einer: ›Diese Tour ist zu anstrengend für Mädchen. Sie bremst uns und macht uns alle müde durch ihr Nachhängen. Sie soll zur Hütte zurückgehen und uns dort erwarten.‹ Der Vorschlag wird angenommen. Tatsächlich entfaltet die Gruppe nun ein weit besseres Tempo. Die Teilnehmer bestätigen sich das gegenseitig, niemand spricht mehr von Müdigkeit, es ist nurmehr von der körperlichen Minderwertigkeit der Mädchen bei Bergtouren

die Rede, das Bergsteigen wird zu einer Domäne männlicher Überlegenheit. Das Mädchen rastet zunächst, versucht dann noch ein Stück weit allein nachzusteigen, fühlt sich aber bleiern müde, stürzt beim Stolpern über einen Geröllstein beinahe ab. Dann dreht sie um, steigt weiter sehr müde ab, findet plötzlich seltene Blumen und wird, während sie sich mit dem Pflücken noch weiterhin anstrengt, wieder ganz munter und erreicht recht frisch die Hütte« (Schindler 1970a, S. 225).

Schindler erläutert, dass sich in der gruppalen Phase das Omega mit Position G identifiziert und alles repräsentiert, was die Motive der Abwehr der Gruppe beinhaltet – die Angst des Nicht-zustande-Bringens, die Hitze, die Gefahr, die Steigung, das mögliche Scheitern, die Müdigkeit, die Schmerzen, die anspruchsvolle Tour. Die Gruppe kann die Auseinandersetzung mit diesen Themen, Ängsten und Ambivalenzen vorerst durch die Tragfähigkeit der Omega-Position verdrängen, kann über die Leistungsschwäche Omegas emotional und energetisch triumphieren, die Schwäche wird personell und geschlechtlich zugeschrieben. Die Bergsteigergruppe entschließt sich, die Schwächste zurückzulassen, das Omega löst sich aus der vorangehenden Eingebundenheit und damit aus der großen Spannung, die diese Position zu ertragen hat. Der Gruppe und der Position entledigt, findet das Mädchen ein neues Ziel, nicht Bergsteigen, sondern das Blumenpflücken, und wird energetisch erfrischt. Der Rest der Gruppe entfernt sich vom ehemaligen Omega, scheinbar zuerst gestärkt, und ist nun gezwungen, eine neue Identität als Gruppe zu bilden, kann sich der Bildung einer neuen Omega-Position aber nicht entziehen. Schindler zeigt auf, dass das Auftreten der Gruppenschwäche wenig über das diese Position tragende Individuum aufzeigt. Das Ausstoßen des Schwächsten ist letztlich ein Bewältigungsversuch für die innere unbearbeitete Krise der Gruppe. Das damit verbundene thematische Konfliktpotenzial bleibt bestehen, auch wenn die Person, die Omega strukturell positionierte, gegangen ist. Die Gruppe wird den unbearbeiteten Konflikt in der Identität neu verarbeiten müssen.

Wenn Schindler (2008, S. 341) meint: »Mit dem Omega sind wir ja auch heut' zutage noch nicht gut beisammen!«, dann bietet jede Gruppe eine Möglichkeit, die gruppale Szene selbst neu und anders, noch nicht so dagewesen, zu denken. Wer hätte wie mit welchem Mittel anders intervenieren können? Was wäre dann geschehen und was hätte sich dann noch entwickeln können?

So ermöglicht die Beobachtung von Gruppen mithilfe des Rangdynamikmodells einerseits, den Zustand der kollektiven Bezogenheiten zu erkennen, und andererseits, die kollektiven Entwicklungsmöglichkeiten zu entdecken, die jeder sozialen Situation zugrunde liegen können.

Der praktische Aspekt des Rangdynamikmodells ist in der Beobachtung von Kollektiven zu finden. Durch reflexive Beschreibung von Szenen kann der spezifische Zustand der kollektiven Bezogenheit erkennbar werden. Aus dieser diagnostischen Sichtweise ergeben sich konkrete Interventionsmöglichkeiten.

4.1 Beobachtungsperspektiven

Gruppen machen Beobachtung nicht einfach, als Beobachter:innen versuchen wir meist, Anhaltspunkte an Personen festzumachen. Der Beobachtungsfokus mithilfe der Rangdynamik nimmt zuerst nicht Individuen, sondern Interaktionen und ihre Aggregatzustände in den Blick. Unter der Wasserlinie des Eisbergs kann nach Mustern des Verhaltens gesucht werden, nach dem spezifischen Umgang mit Aufgabenstellungen, nach wahrnehmbaren Affekten und worauf sich diese in der Interaktion richten. Dieser Beobachtungsfokus führt diagnostisch zu These 1, den kollektiven Zuständen und ihren spezifischen Kontaktformationen. Damit wählen wir eine von mehreren Möglichkeiten, Kollektive wie Gruppen, Teams oder Familien aus der Komplexität des Geschehens beschreibbar zu machen, durch eine psychodynamische Perspektive (Edding 2009, S. 61 ff.). Bei dieser Perspektive stehen vor allen Dingen Gefühle, Affekte und nicht bewusste Prozesse von Gruppenteilnehmenden im Mittelpunkt und wie sie sich in der Interaktion ausdrücken. »Das Projekt der Gruppe ist die Gruppe selbst, und Ziel der Erforschung ist Heilung oder persönliches Wachstum« (Edding 2009, S. 62).

Die Gruppenprozesse werden mithilfe des rangdynamischen Positionsmodell sowohl durch die Art der Bezugnahme zueinander als auch durch den Umgang mit einer möglichen Aufgabenstellung soziadynamisch beobachtbar und beschreibbar.

Schindler (1969) führt im Artikel *Das Verhältnis von Soziometrie und Rangordnungsdynamik* konkret aus, dass Rangdynamik nur durch Gruppenbeobachtung erkennbar wird und soziometrische Untersuchungen zur Bestimmung von Positionen möglicherweise lediglich in der institutionellen Phase aussagekräftig sind. Letztlich empfiehlt er im Umgang mit dem Modell, sich auf Beobachtung, Reflexion und Introspektion zu verlassen, wiewohl dies die Diagnose schwierig macht, weil die Subjektivität »auch vieles offen lässt« (Schindler 1969, S. 215). Dabei kann der oder die Beobachtende selbst Mitglied der Prozesse sein, also eingebunden in die Entwicklung der kollektiven Zustände sowie in der gruppalen und der institutionellen Phase in Positionen, Affektdynamik und Aktionskreislauf. Die Gefühle, die das soziodynamische Geschehen bei der Gruppenbeobachtung auslöst, sind Teil der Reflexion und des Verstehens von Interaktionen auf dem Hintergrund des Rangdynamikmodells.

Was wird beobachtbar? Wir beschreiben aus unserer Erfahrung drei mögliche Beobachtungsfokusse als Grundlage für eine rangdynamische Diagnose: die Kontaktqualität, den Umgang mit Aufgaben und Ausschlussmechanismen in Gruppen.

4.1.1 Die Beobachtung der Kontaktintensität

Wir verwenden zur Beobachtung die Bewegung des Kollektivs auf G (eine Aufgabenstellung, ein Gegenüber, eine Idee, einen Gegner oder eine Gegnerin) und die Beobachtung der Affekte (Angst, Furcht). Aus diesen Beobachtungen kann der Zustand der kollektiven Bezogenheit (These 1) erfasst werden und daraus aufbauend, welche Kontaktqualität sich im Aggregatzustand ausdrückt. Es können die Affekte, die in den Interaktionen des Kollektivs zum Ausdruck kommen, durch (Selbst-)Beobachtung wahrgenommen werden, um den Zustand von These 1 zu erfassen: Worauf richtet sich die Angst? Ist sie kontaktvermeidend (Menge) oder wird sie konkurrenzierend hinsichtlich einer Aktion agiert (prägruppal)? Oder richtet sie sich nach außen auf G (gruppal)? Oder ist der Wunsch nach Routine groß, weiterzumachen wie bisher, und jede Veränderung ist unerwünscht (institutionell)?

4.1.2 Die Beobachtung des Umgangs mit Aufgaben

Das Rangdynamikmodell erläutert anschaulich, welche Entwicklungskonflikte sich ergeben, wenn Kollektive ein eigenes Ziel und eine eigene spezifische Identität in der Auseinandersetzung mit dem Gegenüber (G) affektiv entwickeln (König u. Schattenhofer 2022, S. 51 f.). G ist als Position das Gegenüber der Gruppe und wirkt durch den sich entwickelnden Aktionswillen auf die Positionierung und Affektlogik der Gruppe. In der Auseinandersetzung mit Position G entstehen die vier rangdynamischen Positionen. Dabei werden diese strukturellen Positionen nicht dauerhaft von einer Person eingenommen, sie können prozesshaft wechselnd repräsentiert werden. Das ist eine der Besonderheiten des Rangdynamikmodells – durch Position G wird eine kontextuelle Beschreibung von Gruppenprozessen möglich, Gruppen haben ein Umfeld, eine Umwelt und sind in einen Kontext eingebettet. Der Blick über die Grenze auf Position G gerichtet, weist auf die Bedeutung von Umwelt- und Kontextsteuerung für die Gruppenentwicklung hin (Amann 2009, S. 418 ff.).

Im Prozess eines Kollektivs wird beobachtbar, wie mit der Position G, als möglicher Schlüssel zum Verstehen der Soziodynamik, umgegangen wird. Folgende Fragen sind für die Beobachtung hilfreich: Gibt es eine Position G und wie hat sie sich gebildet? Welches G ist erkennbar? Ist Position G personell und/oder thematisch repräsentiert? Was zeigt der affektive Kreislauf? Existieren mehrere Gs? Wiederholen sich Positionen gegenüber G in Permanenz? Welche Aufgabe hat sich die Gruppe tatsächlich gestellt? Was will das Kollektiv gemeinsam erreichen? Was soll das Kollektiv tun: wird diesem G gefolgt oder entscheidet sich die Gruppe für ein anderes Verhalten? Wer wird gegenüber einem G initiativ und wer leistet dieser Art und Weise des Umgangs mit G Gefolgschaft? Wer engagiert sich für eine spezielle Aufgabe oder ein Konzept? Wer hält dagegen, opponiert Ziele, steht kritisch den Konzepten gegenüber? Wer treibt Verhaltensweisen zu der Aufgabenstellung an?

4.1.3 Die Beobachtung des Ausschlusses

Das Rangdynamikmodell ermöglicht die Beobachtung, wie Gruppen in gruppalen und institutionalisierten Phasen durch Normenbildung spezifische Einschluss- und Ausschlussmechanismen aktivieren. Die Frage des Ausgeschlossenen ist für die Entwicklung von Gruppen von wesentlicher Bedeutung. Denn Randstehende in Omega-Position repräsentieren Aspekte, die in der Reifung der Gruppe nicht ausreichend beantwortet werden konnten, deshalb übergangen oder projiziert werden. Für entwicklungsorientierte Arbeit ist der Beobachtungsfokus offener/verdeckter und benannter/nicht benannter Themen und Konflikte bedeutsam. Da sich Gruppen nicht nur *für,* sondern im schindlerschen Sinn auch *gegen* etwas bilden können, sind kritisch Gesinnte in Gruppen in Gefahr, zum Sündenbock zu werden. Die letzte Möglichkeit von

Omega, als Sündenbock die Gruppe zu verlassen oder von ihr in die Wüste geschickt zu werden, fokussiert den Vorgang der Projektion in Gruppen. Omega wird zugeschrieben, dass es als Position das gegnerische Prinzip vertritt oder an dieses erinnert. Die Mehrheit der Gruppe entledigt sich der eigenen Schwäche, der eigenen fremden Anteile, der ungewünschten Selbstbilder in Form von Projektionen und stößt sie an den Rand und ab (Antons 2009, S. 341 ff.).

Nach Schindler herrscht in der gruppalen Phase generell ein Gefühl der Gemeinsamkeit vor. Dieses basiert einerseits auf der Gemeinsamkeit des Strebens und Wollens, andererseits auf der gemeinsamen Erscheinung nach außen, in der die Gruppe ihre Selbstbestimmung erlebt. Diese Stilelemente entwickeln sich aus dem gemeinsamen Erleben (Schindler 1964, S. 174). In dieser als gemeinschaftlich erlebten Phase wirken Fragen und Infragestellungen im Prozess berechtigt bis störend, je nachdem, aus welcher Position sie gestellt werden. Eine Frage aus der Omega-Position wird als beunruhigend empfunden, da die Mehrheit der Gruppenmitglieder an der Identität unhinterfragt festhalten will.

Die Gruppe bildet also in der gruppalen Phase eine stille Übereinkunft, dass gewisse Fragen nicht gestellt werden, sie sozusagen im Dunkeln bleiben.

> »Der häufigste Weg, dem Unwissen auszuweichen, ist sicher die Teilwahrheit. Sie ist quasi auch ökonomisch gerechtfertigt, weil man doch nicht immer alle Möglichkeiten einer Fragestellung ausschöpfen kann. Indem man aber auf die je gemeinten reduziert, zwingt man dem Fragesteller eine Eingrenzung auf, deren Überschreitung durch Nachfrage eine Angelegenheit des ganzen Kreises ist. Das Nachfragen hat nicht nur seine sachliche Bedeutung, sondern zuvorderst auch allemal die Frage, wem der Kreis [eine Gruppe von Wissenschaftler:innen; Anm. d. Verf.] die Ausrichtung seiner Suche überlassen will. So wird das Nachfragen seitens des Alpha als berechtigt empfunden, es liegt in der Linie der Gruppe, seitens eines Beta als interessant, aber nicht unbedingt verbindlich, seitens eines Gamma als mühevoll und oft als langweilig, seitens des Omega so gut wie immer als lästig und seitens des Gegners, falls er anwesend ist, als bedrohlich« (Schindler 1964, S. 175).

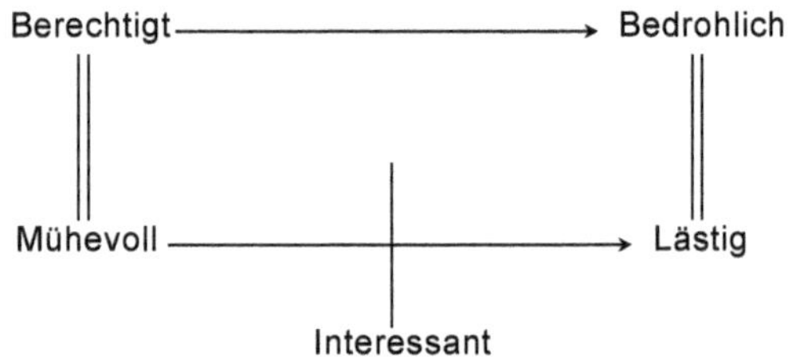

Abb. 9: Aufnahme der Nachfrage in der Gruppe, je nach der Position, aus der sie kommt (Schindler 1964, S. 176)

Die Position – so wird bei dem Beispiel in Abbildung 9 deutlich – färbt die Wirkung einer Äußerung. Derselbe Satz, dieselbe Frage klingt aus dem Mund von Personen in verschiedenen Positionen berechtigt bis bedrohlich und löst dementsprechende Reaktionen aus. Wichtiger als der Inhalt der Frage ist die Position, von der her sie formuliert wird. Denn dieses Zusammenspiel der Positionen, die affektiven Erwartungen aneinander, eröffnen einen Echo- oder Resonanzraum, in dem eine Frage eine Einfärbung erhält. So ist damit zu rechnen, dass beispielsweise ein berechtigtes Anliegen, von der Omega-Position vorgebracht, auf Ablehnung stößt. Das Beobachten und Erkennen von Fragen, die störend wirken, bietet nicht nur Hinweise auf die Omega-Position, sondern vor allen Dingen auf die Entwicklungsmöglichkeiten, die *ausgeschlossenen* Störungen innewohnen (mehr dazu im Abschnitt 5.3.2). An dieser Stelle sei festgehalten, dass die Positionen in ihrer Dynamik zueinander einen wertenden und bewertenden Resonanzraum eröffnen.

4.2 Leitfragen zur rangdynamischen Diagnose

Wie kommt man nun zu einer rangdynamischen Diagnose? Mithilfe der Rangdynamik wird beobachtbar, wie Kollektive mit Aufgaben umgehen und was dabei affektiv im Hintergrund psychodynamisch ausgehandelt wird:

- Das Modell richtet sich entwicklungsorientiert auf die Kooperationsmöglichkeiten hinsichtlich eines G, sich kollektiv für oder gegen etwas zu verhalten.
- Dabei können die Mitglieder flexibel unterschiedliche Rollen in strukturellen Positionen einnehmen und entwickeln dynamisch eine Sensibilität für begleitende Affekte.
- Die produktiven Spannungen aus der Dynamik der Positionen werden aufgegriffen und tragen zur Bildung einer kollektiven Identität bei.

Um eine rangdynamische Diagnose zu erfassen, sind aus unserer Praxis spezifische Fragestellungen hilfreich, die sich an der These der kollektiven Bezogenheiten orientieren. Diese haben wir in einer Tabelle zusammengefasst (siehe Tab. 2).

Zustand	Fokus	Diagnostische Fragestellungen
Menge	Interaktionsgrad Wie zeigt sich die Kontaktaufnahme?	– Gibt es zu wenig oder zu viel Kommunikation, die eher Kontaktlosigkeit erkennen lässt? – Ziehen sich die Teilnehmenden tendenziell zurück? – Wird nach einer Kontaktinitiative dieser Kontakt vermieden? – Wer blickt wen an, blickt zur Seite, blickt weg, blickt in sich hinein?
Prägruppaler Zustand	Aktionswille Gibt es mögliche Gs?	– Bildet sich ein Anspruch hinsichtlich einer Aktion und, wenn ja, von wem bezogen auf welches G? – Sind die Personen bereit zu handeln? – Gibt es mehrere konkurrenzierende Ideen vorzugehen? – Welche Gs können entwickelt werden und welche werden entwickelt? – Wer verfolgt welches G?

Zustand	Fokus	Diagnostische Fragestellungen
Gruppaler Zustand	Aktionsrichtung und Affektdynamik Wie bildet sich ein Aktionskreislauf?	– Sind die Personen bereit, das G gemeinsam zu erzeugen, zu kreieren und anzunehmen? – Gibt es Personen, die den Alpha-Anspruch annehmen, und welche, die diesen Anspruch unterstützen? – Wer stellt sich gegenüber G auf und wer fällt zurück? – Wer zieht in die gleiche Richtung? – Was will die Gruppe erreichen? – Was soll sie erreichen? – Wer stützt Personen in Alpha-Position durch Ratschlag, Moderation, Hilfsmittel? – Welche Affektdynamik ist beobachtbar?
Institution	Routine Wiederholen sich Positionierungen?	– Wirkt die Gruppe routiniert, wiederholend? – Gibt es wahrnehmbare Spannungen, die aber nicht angesprochen werden? – Gibt es Widerspruch, der konsequent überhört wird? – Stören Infragestellungen und Feedback? – Wer bekommt Aufmerksamkeit? Sind es immer dieselben Personen? – Wechseln die Personen in den Positionen oder ergibt sich eine Fixierung? – Ist die Gruppe noch ausreichend durchlässig zum Umfeld? – Entstehen neue Aspekte im Austausch oder herrscht Routine in Permanenz?

Tab. 2: Leitfragen zur rangdynamischen Diagnose

In der ersten Spalte von Tabelle 2 eingetragen ist der betreffende Zustand, gefolgt von einem Beobachtungsfokus mit einer leitenden Fragestellung. Dies führt in der dritten Spalte zu praxisrelevanten diagnostischen Fragestellungen.

4.3 Rangdynamische Interventionen

Die rangdynamische Interventionspraxis beinhaltet aufbauend auf Beobachtung, Reflexion und rangdynamischer Diagnostik absichtsvolle soziale Eingaben, die in jeder funktionalen Rolle sowie jeder rangdynamischen Position in der Interaktion des Kollektivs wirksam werden können. Das

Rangdynamikmodell ist praktisch für alle Personen anwendbar, die Mitglied einer sozialen Gemeinschaft sind. Wie auch sonst entscheiden die Personen und Gruppen in eigener Logik, wovon sie sich beeindrucken lassen. Es gibt keine Garantie für Wirkungen, aber eine ganze Menge an möglichen und absichtsvollen Interventionsrichtungen, um das Gefüge der Gruppe nicht erstarren zu lassen, sondern lebendig zu gestalten.

4.3.1 Definition der rangdynamischen Intervention

Zunächst richtet sich eine rangdynamische Intervention auf der Grundlage von Beobachtungen am gesamten Kollektiv aus, die Gruppe wird als Gesamtheit diagnostisch betrachtet.

- Rangdynamische Interventionen richten sich gruppal an der Dynamik der kollektiven Bezogenheit aus, damit weitere Entwicklungen in den Reifungsphasen ermöglicht werden.
- Rangdynamische Interventionen richten sich interaktionsbezogen auch auf die Veränderung der eingenommenen Rangpositionen oder die Stimulierung von noch möglichen solchen aus, um das Bezugsverhältnis und Bewegung im Kollektiv zu gestalten (Schindler 1999, S. 279).

4.3.2 Interventionsplanung

In Tabelle 3 wird dargestellt, wie durch rangdynamische Diagnostik mögliche Interventionsrichtungen entwickelt werden können. Darauf aufbauend werden konkrete Interventionshandlungen beschrieben. Da die Rangpositionen selbst nur in zwei der vier kollektiven Reifungsphasen ausgebildet werden, ist es selbstverständlich, die rangdynamische Interventionspraxis an der These 1 (der Zustände kollektiver Bezogenheit) auszurichten. Es wäre irreführend, im ersten Schritt der Diagnose nach rangdynamischen Positionen zu suchen oder welche Personen sie in der Gruppe repräsentieren. Denn dies würde voraussetzen, dass sich die gruppale Phase oder die

Phase der Institution bereits in der psychologischen Gruppe gebildet haben. Das jedoch ist zu überprüfen.

Zustand	Interventions-richtung	Interventionsvarianten innerhalb des Zustands
Menge	Kontakt ermöglichen	– aus sich herauskommen – selbst lebendig sein – sich aufwärmen
Prägruppaler Zustand	Gemeinsames herstellen	– G erklären und verdeutlichen – Zuversicht und Zuspruch, dass die Gruppe die Aufgabe schaffen kann – Zeit geben – die Unsicherheit in der Phase als normal ansprechen
Gruppaler Zustand	Dynamik erhalten	– die Position Omega entlastende Interventionen, unter anderem ein kurzfristiger Themenwechsel (neues G); die Position von Omega verstärken – Thema von Omega aufgreifen – sich selbst hinter die Person in Omega-Position zurückfallen lassen – Tempo drosseln
Institution	Reflexion etablieren	– fixierte Struktur reflektieren und Wunsch nach Änderung formulieren, dabei festhalten, was bestehen bleiben soll – Feedback einführen (persönlich, gruppal, organisational) – kein gemeinsames Thema setzen, sondern in kleineren Gruppen oder allein zum Arbeiten anregen – zu Differenzierungen anregen – eine andere Person mit Alpha Anspruch unterstützen und neue Mehrheiten schaffen – in Omega-Position ohne Möglichkeit des Wechsels die Gruppe verlassen

Tab. 3: Interventionsplanung unter Berücksichtigung der Ausführungen von Majce-Egger (1999)

Interventionspraxis im Zustand der Menge: Kontakt ermöglichen

Da das Kollektiv im Zustand der Menge fast beliebig und leblos wirkt, Kontakt vermieden wird und das Nebenher die aktuell einzig mögliche Bezugnahme darstellt, scheint es wesentlich, die Möglichkeit einer Intervention als denkbar aufrechtzuerhalten. An dieser Stelle ist die Erkenntnis von Paul Watzlawick, dass man nicht *nicht* kommunizieren kann, angewandt auf die Menge, erhellend: Die Personen kommunizieren zumindest durch stilles Interesse oder Abwehr von Interesse und verhalten sich zueinander, wenn auch nur mittels Fantasien und Projektionen. Die Szene kann auch ein reges Plappern mit hoher Dichte zeigen, trotzdem besteht Kontaktlosigkeit und keine wirkliche Bezugnahme aufeinander. Die Komplexität kann innerlich für die Einzelnen groß, Angst machend und unkontrollierbar sein. Es gibt durch die fehlende G-Position noch keine ausreichende Abgrenzung oder Umschließung, die einen Schutz bieten könnte. Personen fühlen sich innerlich den Fantasien, was andere tun *könnten*, ausgesetzt.

Der Zustand *Menge* erfordert die Interventionsrichtung »Kontaktmöglichkeit schaffen«. Das bedeutet, selbst innerlich und äußerlich lebendig zu bleiben, nicht gänzlich zu verharren und sich steif zurückzuziehen, aber einen Rückzug von Gruppenmitgliedern zu gewähren. Das unstrukturierte Nebeneinander wirkt kontaktlos und unkommunikativ, die Mitglieder würden sich vermutlich durch eine Intervention forcierten Kontakts eher noch weiter zurückziehen. Die Phase weist uns als Intervenierende sowohl verbal wie nonverbal auf ein *Sichaufwärmen* hin, es soll ausreichend Interaktion erhalten bleiben.

Die rangdynamische Interventionspraxis soll Personen stimulieren, sich nonverbal oder verbal zu artikulieren und Kontaktversuche aufrechtzuerhalten. Die *Menge* bietet die Möglichkeit der ersten stillen inneren Orientierung für alle. Als Zustand handelt es sich rangdynamisch um eine *nicht gruppierte Versammlung*, die noch keinen expliziten Bezug hergestellt hat. Man ist gemeinsam in einem Raum beisammen und verweilt. Das ist schon genug. Ein erster Satz wie »Na, jetzt sind wir zusammen …« oder »Wir haben Zeit …«, wie man es aus der Praxis der Eröffnungssequenzen von gruppendynamischen Selbsterfahrungstrainings kennt, ist möglich. Je nach Kontrakt mit der Gruppe kann die Möglichkeit der minimalen Aufrechterhaltung von Interaktion beispielsweise durch das Festhalten der Rahmenbedingungen, ein Eingangs- oder Abschlussritual, eine lose Möglichkeit der Bewegung im Raum, durch einen Tagebucheintrag und anderes mehr unterstützt werden.

Interventionspraxis im prägruppalen Zustand: Gemeinsames (G) herstellen

Nun taucht erstmals ein mögliches G als Position auf; die Personen sprechen darüber, was man betrachten, was man tun, was man reden, was interessant sein *könnte*. Die kollektive Szene wirkt dadurch betriebsam, die Bezogenheit ist konkurrenzierend und offen. Die Mitglieder befinden sich in einer umfassenden Erregung, der allgemeine Führungsanspruch mobilisiert Angst und ist mit der Furcht verbunden, die sich auf mögliche Alpha-Kandidat:innen bezieht. Dabei kann beobachtet werden, dass der allgemeine Führungsanspruch auch dadurch entstehen kann, wenn zwei oder mehr Mitglieder um die Zustimmung der anderen Mitglieder ringen, gleichzeitig die Mitglieder ohne Führungsanspruch die Macht auskosten, die sie selbst durch Zustimmung oder Ablehnung über diese Repräsentant:innen des Anspruchs auf Alpha haben. Die Phase kann weiters beinhalten, dass die Kandidat:innen, die Anspruch auf die Alpha-Position erheben, selbst ambivalent agieren und sich unsicher zu ihren eigenen Ideen von Aktion oder Aufgabe verhalten. Diese Unschlüssigkeit mag bei anderen Mitgliedern eventuell bereits bereitliegende Alpha-Initiativen mobilisieren. Man merkt die konkurrenzierende Betriebsamkeit des Kollektivs.

Es ist hilfreich, die Interventionsrichtung auf *eine mögliche G-Position* zu halten und nicht verschiedene Alpha-Positionen. Unterstützend dabei wirkt als Intervention, wenn sich gedanklich ein gemeinsamer Aktionswille bilden darf, ein fantasierter möglicher Aktionsversuch oder ein kurzes Probehandeln initiiert werden kann. Dazu mag als Intervention beispielsweise die folgende Aufgabe verdeutlicht werden: Der Realitätsbezug (G) ist sicherzustellen und der Anlass der Zusammenkunft diesbezüglich zu explizieren; Umweltbezug und Kontextualisierung können dazu hilfreich wirken. Um Differenzierung zu ermöglichen, hilft es, die Fantasie einzuladen, was hier alles möglich werden kann, *wenn* ..., also darüber zu sprechen. Vor allem brauchen die Mitglieder in dieser Phase Zuversicht und Zuspruch durch Intervenierende, dass man etwas schaffen, bilden, tun könnte und es auch kann. Dadurch wird die Mitverantwortung der Einzelnen für den Aktionswillen gestärkt. Die Unterstützung der Konfliktaustragung im Sinne der Präsentation unterschiedlicher Entscheidungsmöglichkeiten wirkt weitend und erleichternd, damit Differenzierung und freie Interaktion ermöglicht werden. Unsicherheit und Aufregung sind normal und sollen als solche Teil des gemeinsamen Arbeitens sein dürfen; auch das kann zuversichtlich angesprochen werden. Die Gruppierung entscheidet sich so oder so autonom, wovon und ob sie sich beeindrucken lässt, was G letztlich werden könnte und vielleicht auch wird.

Entwicklungsmöglichkeiten prägruppaler Bezogenheiten wurden unter anderem in einem Grundlagenartikel von Anneliese Heigl-Evers (1968) anhand kasuistischer Beispiele aus der Gruppenpsychotherapie beschrieben. Heigl-Evers widmete sich der Frage, unter welchen besonderen Voraussetzungen mit der Bildung prägruppaler Bezogenheiten zu rechnen sei, nämlich

- wenn fast alle Teilnehmenden aufgrund ihrer Haltung potenzielle Alpha-Initiativen in sich tragen und gleichzeitig die dagegen gerichtete Angst in der Gruppe stark wirksam ist;

- wenn zwei oder mehrere annähernd gleichstarke Führungsrepräsentant:innen gleichzeitig eine Aktion initiieren wollen;
- wenn eine Teilnehmende bzw. ein Teilnehmender eine Initiative setzen möchte, jedoch stark schwankende eigene Ambivalenzspannungen die Initiierung und Eindeutigkeit der Aktion verhindern.

Dazu beschreibt Heigl-Evers folgendes Beispiel aus der Gruppenpsychotherapie, das sich auch auf andere Kontexte, beispielsweise Teams mit ambivalenten Leitungspersonen, übertragen lässt:

In der 9. Sitzung einer klinischen Gruppe ergreift eine Patientin mit schwerer Zwangsneurose das Wort, um breiter über sich zu berichten. Sie schildert sehr detailliert, aber leidenschaftslos ihre problematische Kindheit. Der Abwehrmechanismus der Isolierung stellt sich deutlich dar, die Patientin versucht, nicht gefühlsmäßig in Bewegung zu geraten. Dadurch bleibt der Appellcharakter ihres Aktionsversuchs gering, die anderen Patientinnen und Patienten sind unberührt. Es zeigt sich die genannte Isolierung der Kindheit ebenso wie ihre Ambivalenz gegenüber einer möglichen Aktion. Eben dies ergibt Unmut und Unruhe in der Gruppe: Was will die eigentlich? Diese Unruhe und Unschlüssigkeit bewirkt in der gesamten Gruppe still bereitliegende Alpha-Initiativen, jede:r wartet auf die Chance, die Sprechende zu Fall zu bringen und sich selbst mit der eigenen Initiative zu inthronisieren. Die Szene ist jedoch gehalten, denn die Angst vor anderen möglichen Rivalinnen und Rivalen ist groß. Heigl-Evers beschreibt nun eine Differenzierung, die sich in dieser prägruppalen Bezogenheit bilden kann und die sie als Therapeutin unterstützt:

> »Aus der prägruppalen Bezogenheit dieser Art können sich auch einmal zwei rivalisierende Untergruppen herausbilden, wobei jede dieser Gruppen eine Seite der Ambivalenz des schwachen Initiators übernimmt. So kam es in dem geschilderten Fall, als die Zwangsneurose-Patientin in einer weiteren Sitzung ihren Bericht fortsetzte und insbeson-

dere ihre ambivalente Einstellung zu einer gewissen Beziehungsperson, einer sehr strengen dominierenden Tante, schilderte, zur Bildung einer Pro-Tante und einer Kontra-Tante-Gruppe« (Heigl-Evers 1968, S. 25).

Interaktionspraxis im gruppalen Zustand: Dynamik erhalten

Die Szene der Gruppe wirkt ruhiger, die Gruppe hat sich in einer gemeinsamen Bewegungsrichtung auf G hin eingefunden, die rangdynamischen Positionen sind angenommen. Die mitlaufenden Gammas träumen sich in Alpha-Position, wie diese mit G umgeht. Die Omega-Position wirft Fragen auf und bringt Ambivalenz konstruktiv ein, die Gammas erheben sich beschwichtigend oder hochmütig gegenüber diesen Fragen. Beta wirkt sachlich unterstützend und findet Gehör. Es geht in der Interventionspraxis darum, das dynamische Element der gruppalen Phase zu erhalten, sodass auch mehrere Positionen von unterschiedlichen Personen eingenommen werden können. Dazu ist das Anregen der Gammas hilfreich, da sie großen Bewegungsspielraum in jede weitere Position besitzen. Die Situation soll dynamisch in Bewegung bleiben; dazu ist es hilfreich, Anstöße zu liefern, um den Reichtum an Ideen aufzuzeigen, um initiativ zu werden, dass überhaupt neue Ideen dazukommen können. Sowohl die Alpha-Position als auch die Omega-Position stehen in großer Spannung, dies verlangt auf der Ebene der Intervention partielle Entlastungsangebote. Alpha muss immer wieder die Gammas anhalten, weiterzugehen und sich zu G zu verhalten. Das ist anstrengend, die Entlastung von Alpha ist daher dynamisch wesentlich. Aus Gamma oder Beta kann eine stützende Intervention für die Alpha-Position gesetzt werden: Ein Sich-hinter-Alpha-Stellen, eine Bestärkung, ein Versuch der Reformulierung, weitere Beiträge zu G, auch ganz konkretes Hilfehandeln wirken hilfreich. Das Mitlaufen ist eine Form der Mitarbeit und Entlastung der Spannung für Alpha.

Sollte immer wieder ein gleichbleibender Kreis von Mitgliedern der Gruppe dagegenhalten, dem Geäußerten kritisch gegenüberstehen und es hinterfragen, so sind diese Personen rangdynamisch in Omega zu entlasten. Das gelingt durch entsprechende, d. h. Omega entlastende Interventionen, wie sie Schindler in seinen Veröffentlichungen bereits beschrieb:

Die Omega-Position beschreibt das Problem der Gruppe bezogen auf die Realität, die von G repräsentiert wird. Omega setzt die Frage als Interventionswerkzeug ein, mehr noch – sie, diese Position, setzt die Infragestellung ein. Das bedeutet, Omega hinterfragt und stört die anderen. Die Frage, aus Omega-Position gestellt, repräsentiert die innewohnende Ambivalenz, und diese Ambivalenz beunruhigt die Gruppenmitglieder, sie kommen in Berührung mit dem *Ungewussten* (Schindler 1964, S. 174 f.). Die dadurch auftretende Angst ist für die Alpha-Position nicht nur ein persönliches Problem, sondern vor allem ein Gruppenproblem. Ob die Spannung, die die Nachfrage auslöst, ertragen werden kann, hängt von der Bereitschaft der Gruppe ab, ihr Alpha nicht preiszugeben und sich mit der Frage auseinanderzusetzen.

Die zurückhängende Omega-Position, die stört, hat für die Gamma-Position eine stärkende Bedeutung: Als Gruppenmitte träumen die Mitglieder, dass Alpha mit G sich so auseinandersetzen wird, wie sie es sich wünschen. Gleichzeitig wenden sie sich Omega zu und siegen habituell und affektiv über dessen scheinbare Schwäche. Das kann in Form von Empörung geschehen oder durch mitleidige Herablassung. Damit folgen Personen in Gamma-Position dem Lustprinzip, während sich Alpha stärkend im Selbst erleben kann. Die Leistung des Omega ist dabei, dass es die Gruppe in »Siegerlaune« hält, weil das Omega Schwäche in Form einer Frage zeigt (Schindler 1993, S. 310 f.). Solche Atmosphären können belastend wirken, insbesondere für die Omega-Position, da diese für die Identität als Gruppen-Letzte:r arbeitet.

Das Ziel der Intervention ist die Entlastung der Personen in Omega. Das gelingt beispielsweise durch Aufgreifen der Inhalte, die Omega einbringt. Wenn man den Moment, an dem sich das Gros der Gruppe gegen das Omega wendet, vorbeigehen lässt und nicht durch Intervention akzentuiert, lässt man etwas aus, das für die Entwicklung des Kollektivs bedeutsam sein kann, und gefährdet die Omega-Position.

Schindler nannte folgende Vorgehensweisen für Omega entlastend (Schindler 1993, S. 312 f.):

Intervention	Vorgehen
thematisieren	die Omega-Fragen auf-, annehmen, einbringen
ablenken	eine Ablenkung auf ein anderes Thema oder ein anderes Gruppenmitglied initiieren
konkretisieren	nachfragen, worum es konkret geht
aufnehmen	das Thema des Omega aus einer anderen Position an sich ziehen
verschieben	einen Versuch der Verschiebung des Themas in das Außen der Gruppe vornehmen
abstrahieren	die Einführung eines abstrakten Niveaus durch Meta-Kommunikation versuchen
formalisieren	Formalisierung und Regelbildung einbringen
verzögern	Tempo der Aktion drosseln, sich im Tempo nach hinten fallen lassen, beispielsweise durch weitere Fragestellungen
sich nach hinten fallen lassen	sich hinter Omega stellen, weitere Infrage-stellung einbringen

Tab. 4: Omega-Position entlastende Interventionen

Durch die Stärkung der Omega-Position wird ein Erlebensoptimum für die Gruppe in der aktiven Auseinandersetzung möglich. Können die *störenden* Fragen angenommen werden, so entwickelt die Gruppe eine große Selbstständigkeit bei größtmöglicher Berührung mit der Gesellschaft, der Realität, also »dem Anderen in uns« (Schindler 1968b, S. 206).

Interventionspraxis im Zustand der Institution: Reflexion etablieren

Der institutionelle Zustand erscheint ruhig, gesetzt, beherrscht und gefasst. Jede:r weiß, woran er oder sie ist, die

Plätze, Aufgaben und Ränge sind fixiert gesetzt und erlauben keine Änderung. Es handelt sich auf keinen Fall um ein Schauspiel-Ensemble in den Besetzungskämpfen um die Hauptrolle eines neuen Stückes, sondern um eine höfisch wirkende Zusammenkunft mit unsichtbaren Namenskärtchen am Tisch und der Gewissheit aller, worüber gesprochen und nicht gesprochen werden kann. Auch die Reihenfolge der Gesprächsbeiträge und die Verteilung der Aufmerksamkeit ist allen bekannt. Die Furcht der Mitglieder richtet sich auf die Möglichkeit der Veränderung und damit direkt auf die Omega-Position, der die Möglichkeit der Anstiftung zur Revolte unterstellt wird. Die Interventionspraxis für Leitung, Beratung, Begleitung ist entsprechend Angst machend, aber förderlich für eine Entwicklung.

Die hilfreiche Möglichkeit der Interventionsrichtung in diesem Zustand lautet: Wie gelingt es, die Selbstbeobachtung in die Gruppe zu bringen? Ob dies in der Intensität tangential oder direkt-konfrontativ als Eingabe durchgeführt wird, ist auch eine Frage des Kontraktes. Grundsätzlich liegt der Interventionsfokus auf allen Formen von Feedback (personal, interaktional, gruppal, organisational) und der Reflexion der fixierten Struktur. Das Aufzeigen von Wiederholungen, die scheinbaren Halt geben, und die Thematisierung der Angst vor Veränderung wirken erweiternd. Daraus kann auch abgeleitet werden, was an der Routine brauchbar und erhaltenswert ist beziehungsweise welche Veränderungswünsche es geben kann. In Krisenzeiten sind routinierte Strukturen hilfreich für Kollektive, sofern sie nicht in Permanenz erstarren; Beispiele dazu finden sich im Feld von Hilfsorganisationen. Interventionen dienen in diesem Zustand der Differenzierung des Blicks von innen nach außen und dadurch der Erweiterung des Lebensraums der Gruppe im Feld. Konkret kann man beispielsweise Formen des arbeitsteiligen Arbeitens mit Bildung von Kleingruppen stimulieren, die auf Entdeckungsreise und Expedition gehen. Als direkte Intervention ist die

Unterstützung einer anderen Person aus Gamma mit potenziellem Alpha-Anspruch möglich. Ist die Szene jedoch so verfestigt, dass eine Lockerung unmöglich scheint, besteht die Möglichkeit, dass Omega die Gruppe verlässt und die Rangordnung dadurch neu gebildet werden muss, damit sich neue Aspekte finden lassen.

Führungskräfte, Beratende in Organisationen und Personalentwicklung sind mit gruppendynamischen Führungsmodellen meist durch Aus- und Weiterbildung vertraut. Der Organisationspsychologe Oswald Neuberger betont in seinen Ausführungen zum Personalmanagement, dass gruppendynamische Führungstheorien den Aspekt der Qualität der affektiven Beziehungen in einer Gruppe in den Mittelpunkt stellen. Damit wird neben sachrationalen Führungskonzeptionen die Tatsache geschärft, »dass Menschen neben Fähigkeiten und Werten auch noch irrationale (?) Emotionen, Wünsche und Bedürfnisse haben« (Neuberger 2002, S. 410). Neuberger beschreibt, dass in der Phase der Institution auch die affektiven Anteile der rangdynamischen Positionen fixiert sind. Leitung aber kann sich aus einem affektiven Beziehungsgeflecht nicht herauslösen, denn auf der Grundlage des Rangdynamikmodells ist die Führungskraft die Repräsentation des Gruppenwunsches. Die Führungskraft verleiht den Bedürfnissen, Ängsten, Erwartungen und Hoffnungen der Gruppe sichtbaren Ausdruck; verweigert sie diesen Wunsch, macht sich Orientierungslosigkeit breit. Das bedeutet auch, dass Führungspersonen soziodynamisch oft bereitwillig eine Alpha-Position angeboten wird. Partiell ist dies sicherlich sinnvoll. Jedoch bleibt das Erlebensmaximum der geleiteten Gruppe(n) kleiner, so kein Wechsel der Positionen intendiert wird. Das bedeutet auch, dass Führungskräfte ohne Selbstreflexion in eine Phase der Institutionalisierung rutschen, selbst wenn sie das nicht in Permanenz wollen. Bezogen auf die Interventionsmöglichkeiten von Führungskräften werden nach Neuberger deshalb andere Aspekte wichtig, er empfiehlt, Introspektion und reflexive Fragestellungen zur gruppendynamischen Auffassung von Führung anzuwenden. Folgende Fragen sollten sich Führungskräfte dazu stellen (Neuberger 2002, S. 413 f.):

- »Ermuntern Vorgesetzte zum spontanen Ausdruck der Gefühle?
- Eignen sich Vorgesetzte als Projektionsfiguren? Erfüllen sie Gruppenwünsche nach Allmacht, (Aufgaben-)Erfolg, Aggression (Feindbild aufbauen), Liebe (Schaffen sie solidarisches Wir-Gefühl?)?
- Wie geht eine Führungskraft mit den ›Übertragungen‹ der Gruppenmitglieder um, in denen Rollen und Erfahrungen in einer *frühkindlichen* Sozialbeziehung an der *aktuellen* Führungsperson wiederbelebt werden (der Vorgesetzte als strafender oder liebevoller Vater, die Vorgesetzte als gute oder böse Mutter [...])?
- Wie fördert oder unterbindet sie Subgruppenbildungen?
- Deutet sie Leistungsabfall oder -verweigerung als Widerstandsphänomen [...]?
- Fungiert die Führungskraft als Ich-Ideal (Vorbild) der Gruppe?
- Nimmt sie die Funktion eines Über-Ichs der Gruppe wahr, indem sie Werte, Normen, Haltungen vermittelt und durchsetzt?
- Ist die Führung Symbol der Gruppe? Kommen in ihr Eigenart und Kontinuität der Gruppe zum Ausdruck (z. B. ihre Zerrissenheit, ihr Verfall, ihr Leistungswille etc.)?
- Trägt die Führungskraft zur Polarisierung der Gruppe bei (wie viel Beta- und Omega-Positionen gibt es)?
- Macht die Führungskraft die Gruppe von sich abhängig oder lenkt sie die Triebenergie auf ›Objekte‹ (Personen, Aufgaben)?
- Welche Mitglieder-Bedürfnisse kann die Führungskraft *nicht* befriedigen (sodass die Entstehung von ›Schatten‹ oder ›Ersatz-Führenden‹ begünstigt wird)?«

Die Reflexion der Führungskraft beinhaltet also die Ausarbeitung einer gruppalen Intervention der fixierten Rangdynamik; möglicherweise entstehen neue Ideen zur Positionierung. Denn die funktionale Rolle der Führungskraft kann mit den jeweiligen Vor- und Nachteilen aus jeder Rangposition wahrgenommen werden, unterschiedliche Rangpositionen bringen für Leiter:innen wieder mehr Dynamik, Einblick in emotionales Erleben und Entwicklungsmöglichkeit. Führt der Leiter oder die Leiterin aus einer Alpha-Position, kann man die Gruppe für sich vermutlich begeistern. Wird aus Position G geführt, bleibt die Szene kühl, sachlich und kann sich negativ gegen die Leitung richten. Aus der Omega-Position zieht die Leitung die Affekte der Gruppe an sich und lenkt damit von G ab, entlastet also diese Position. Aus der Beta-Position bietet die Leitung nur intellektuellen Schutz, er gehört der Gruppe an, ohne das Schicksal teilen zu müssen (Schindler 1959, S. 129 ff.; Rappich, Meister u. Hochgatterer 2022, S. 35 ff.).

Die Positionen sind besonders in der *institutionalisierten Phase* gut erkennbar – durch Wiederholungen. Immer die gleichen Personen haben Ideen, laufen mit und geben Widerspruch, nerven andere, üben Kritik oder leisten stille Unterwanderung. Man kann sich relativ betrachtet bestens aufeinander verlassen. In Organisationen, verstanden als Gruppen von Gruppen, formell wie informell, die sich wechselseitig koordinieren, werden rangdynamische Positionen auch gruppal aneinander vergeben. Wenn die Positionen gut erkennbar sind, kann aber auch gut damit gearbeitet und interveniert werden, d. h., alle fünf Positionen stehen hinsichtlich Entwicklung zur Verfügung.

Wie bemerkt man, in welcher Position man sich selbst befindet, um darauf aufbauend Diagnose und Interventionsmöglichkeit zu entwickeln? Schindler selbst empfiehlt dazu

> »die rasche Nachprüfmöglichkeit als Selbstversuch, indem man – am besten mit Hilfe und Kontrolle einer Kollegin, eines Kollegen – nach Teilnahme an einem Gruppengeschehen die eigene Position darin sorg-

fältig bestimmt und in dieser Situation empfundene Tendenzen und Impulse analysiert« (Schindler 1960c, S. 386).

Damit werden die Beobachtung von Gruppen und die Reflexion der Prozesse auf der Ebene der Positionierung und der Kontaktformation, insbesondere für die Interventionspraxis der Institutionalisierung, wichtig. Wie kann Reflexion mit dem Fokus des Rangdynamikmodells etabliert werden?

Wir könnten nun noch ein paar Tipps und Tabellen ausarbeiten, wie diese Frage professionell in der Arbeit mit Gruppen zu beantworten wäre. Aber vielleicht ist es an dieser Stelle sinnvoll, auf das Grundsätzliche des Rangdynamikmodells zu verweisen. Auch die beste Tabelle mit Interventionsmöglichkeiten und raffiniertesten Fragestellungen zur Reflexion des Geschehens führt nicht daran vorbei, dass im jeweiligen Zustand des Kollektivs dieser auf eine Angst verweist, die auch eine Entwicklung ermöglichen kann. Die Ängste werden in These 1 des Rangdynamikmodells tabellarisch beschrieben und sollen nicht der Rationalisierung dienen. Zu einer rangdynamischen Interventionspraxis gehört es, die Ängste wahrzunehmen, sie nicht zu verdrängen, sondern sie auszusprechen und einen Weg mit ihnen zu finden. Dann können Ambivalenzen, Widersprüche, Paradoxien in Bewegung gehalten werden, um das lebendige Gefüge des Kollektivs als Prozess zu stützen.

Im Zustand der Institution ist der Druck auf die Omega-Position, also die Angst vor dem Anderen, dem Fremden und ihrer revoltierenden Kraft, als Projektion besonders wirksam. Reflexion kann einen Verarbeitungsraum eröffnen, in dem die Angst vor dem anderen verstehbarer wird. Es geht darum, den Konflikt auszuhalten, der der Angst zugrunde liegt, und die Beziehungsdynamik zu erkunden, damit eine breitere Wahrnehmung und ein wechselseitiges Verständnis angeregt werden können.

Die Gruppe läuft nicht rund, das soll sie im rangdynamischen Sinn auch nicht. Diese Grundannahme eröffnet Mitmischenden eher die Möglichkeit eines vielfältigen Begegnungsraumes, in dem es knirscht und knistert und in dem dynamische Begegnungsmöglichkeiten und demokratische Teilhabe durch einen diskursiven Aushandlungsprozess gestaltbar werden.

Glossar

Affekt

bezeichnet einen »Stimmungsgehalt« (Schindler 1954, S. 79), der sich aus zwei Momenten zusammensetzt: Zum einen ist er ein »innerpsychischer Wahrnehmungsgegenstand, also eine Art Gefühl, zum anderen aber Intention einer Aktivität, also ein Wille« (ebd., S. 79). Ein Affekt ist damit mehr als ein Gefühl. Er wird hervorgerufen von einem Objekt und ist auf dieses gerichtet.

Affektdynamik

beschreibt die mit den Rangpositionen einhergehenden Affekte zueinander und den inneren Kreislauf der Positionsformel. Dieser wird in den üblichen grafischen Darstellungen in Form der Raute eingezeichnet.

Aktionskreislauf

wird im gruppalen Zustand entwickelt und kennzeichnet die gemeinsame Bewegungsrichtung der Rangpositionen auf Position G: getragen durch die Alpha-Position, gefolgt von der Gamma-Position, unterstützt durch Beta-Position und ambivalent positioniert durch Omega-Position. In der grafischen Darstellung zeigt sich dies in Form des Rechtecks.

Familiengleichgewicht

benennt ein inneres Gleichgewicht der Familienmitglieder zueinander, ein eingespieltes Zueinander, das der Gruppe eine innere Struktur verleiht. Gemeinsam wird eine allseits akzeptierte Rollenverteilung entwickelt, die die Personen im Zueinander festlegt, beruhigt und stabilisiert.

Funktion, formale Rolle

ist »eine erworbene, verliehene, vereinbarte oder festgelegte Rahmenbedingung in einer sozialen Gemeinschaft, die an beidseitig abgesprochene Tätigkeiten gebunden ist« (Pechtl 1995, S. 202).

Gruppaler Zustand

benennt einen Zustand einer kollektiven Bezogenheit (These 1) und zeigt sich im »Aufnehmen einer gemeinsamen Handlungsbewegung, gekennzeichnet durch Anerkennung einer Schwerpunktsetzung nach außen (Gegner, Ziel der Machtentfaltung) und einer Rangordnung nach innen« (Schindler 1992, S. 1).

Institution, Institutionalisierung

benennt einen Zustand kollektiver Bezogenheit (These 1). Dieser Zustand »reduziert die Merkmale der Gruppe auf äußere Kennzeichen (beispielsweise der Rangordnung, die damit hierarchisch wird) und Regeln, deren Einhaltung zu ihrem Intimitätsproblem wird. Sie bindet damit die ›freie‹ (chaotische/kreative) Dynamik der Gruppen und macht die Überschaubarkeit von der Zahl unabhängig. Institutionen ›alter Art‹ strebten nach voller Fixierung der Dynamik zu ›ewiger Wiederkehr‹ unter der Idee absoluter Werte, Institutionen ›neuer Art‹ streben nach einem Spielraum autopoietischer Erneuerung in Anpassung an eine sich verändernde Umwelt« (Schindler 1992, S. 2).

Menge

bezeichnet einen Zustand kollektiver Bezogenheit (These 1) und »meint das unorganisierte Beisammensein vieler Menschen. Diese kommunizieren bereits durch Interesse oder Abwehr von Interesse, können aber die Komplexität nicht auflösen. Der Einzelne erlebt daher Angst und fühlt sich ausgesetzt gegenüber der Mehrheit« (Schindler 1992, S. 1).

Rangdynamikmodell
besteht aus zwei Thesen, die in den 1950er- und 1960er-Jahren entwickelt und erforscht wurden. These 1 unterscheidet vier Zustände kollektiver Bezogenheiten, These 2 fokussiert die in zweien der Zustände sich bildende Positionsformel.

Rangdynamische Intervention
richtet sich (1) an der lebendigen Dynamik aus, damit weitere Bewegungen des Kollektivs in ihren Reifungsphasen ermöglicht werden, und (2) auf die Veränderung der eingenommenen oder Stimulierung von noch möglichen Rangpositionen, um das Bezugsverhältnis und Bewegung im Kollektiv zu gestalten.

Rolle
benennt die inhaltliche Ausgestaltung der Rangpositionen wie auch Position G, die im aktuellen Geschehen gleichsam einer Szene entlang den Vorstellungen der dominanten Position gemeinsam entwickelt werden.

Positionsformel (These 2)
ist die weitverbreitete Veranschaulichung des Rangdynamikmodells. Die Positionsformel bildet sich im gruppalen Zustand in dynamischer Form und ist durch Beobachtung erkennbar. Im Zustand der Institution wird sie fixiert und kann auch soziometrisch bestimmt werden.

Prägruppaler Zustand
ist ein Zustand einer kollektiven Bezogenheit (These 1) und »kennzeichnet die Grenzziehung nach außen (Umwelt), aber noch keine Struktur nach innen. Der Suche nach einem Thema (Angriffspunkt zur Auflösung der Komplexität) entspricht nach innen die Rivalität um Anerkennung einer gemeinsamen Initiative. Es herrscht Spannung vor, Imponieren und Widerstand, ›fight and flight‹ (Bion)« (Schindler 1992, S. 1).

Soziodynamik
»nennen wir den strukturgebundenen Ablauf der Affektivität in einer Gruppe. Wir können hierbei 5 Positionen unterscheiden, denen auch ein Wert innerhalb der Rangordnung zukommt und die in gesetzmäßiger Weise miteinander verbunden sind« (Schindler 1959, S. 135). Damit fokussiert sie im Rahmen des Modells die Interdependenz der Positionen und ihrer durch Affekte begleiteten Erwartungen und Wirkungen.

Zustände der kollektiven Bezogenheiten (These 1)
bezeichnen vier mögliche Kontaktformationen einer psychologischen Gruppe (These 1), die bei Kollektiven zu beobachten sind. Diese Formationen sind vergleichbar mit Aggregatzuständen von Kontaktintensitäten, die sich zwischen Personen einstellen, je nach Auftauchen oder Fehlen eines gemeinsamen Gegenübers und der damit einhergehenden inneren Dynamik.

Literatur

Amann, A. (2009): Der Prozess des Diagnostizierens. Wie untersuche ich eine Gruppe? In: C. Edding u. K. Schattenhofer (Hrsg.): Handbuch Alles über Gruppen: Theorie, Anwendung, Praxis. Weinheim/Basel (Beltz), S. 404–436, 2. Aufl. 2015.

Antons, K. (2009): Die dunkle Seite von Gruppen. In: C. Edding u. K. Schattenhofer (Hrsg.): Handbuch Alles über Gruppen: Theorie, Anwendung, Praxis. Weinheim/Basel (Beltz), S. 324–355, 2. Aufl. 2015.

Antons, K., H. Ehrensperger u. R. Milesi (2019): Praxis der Gruppendynamik. Übungen und Modelle. Göttingen (Hogrefe).

Arnold, O. H. u. R. Schindler (1952): Bifokale Gruppentherapie bei Schizophrenen. In: C. Spaller, K. Wirnschimmel, A. Tippe, J. Lamatsch, U. Margreiter, I. Krafft-Ebing u. M. Ertl (Hrsg.) (2016): Raoul Schindler. Das lebendige Gefüge der Gruppe. Ausgewählte Schriften. Gießen (Psychosozial), S. 57–78.

Edding, C. (2009): Kleingruppenforschung. Geschichte, aktueller Stand, Bedeutung für die Praxis. In: C. Edding u. K. Schattenhofer (Hrsg.): Handbuch Alles über Gruppen: Theorie, Anwendung, Praxis. Weinheim/Basel (Beltz), S. 47–83, 2. Aufl. 2015.

Gastager, H. (1965): Die Rehabilitation des Schizophrenen. Beitrag zur Grundlagenforschung auf Basis der multifaktoriellen Genese der Schizophrenie. Bern/Stuttgart (Hans Huber).

Gastager, H. u. R. Schindler (1961): Rehabilitationstherapie bei Schizophrenen. *Nervenarzt* 32: 368–374.

Gastager, H. u. R. Schindler (1963): Psychotherapie und Rehabilitationstherapie bei der Behandlung schizophrener Psychosen. *Topical problems of Psychotherapy* 4: 109–116.

Heigl-Evers, A. (1968): Prägruppale Bezogenheiten in der analytischen Gruppenpsychotherapie. *Gruppenpsychotherapie und Gruppendynamik* 1: 9–27.

Antons, K., H. Ehrensperger u. R. Milesi (2019): Praxis der Gruppendynamik. Übungen und Modelle. Göttingen (Hogrefe).

König, O. u. K. Schattenhofer (2022): Einführung in die Gruppendynamik. Heidelberg (Carl-Auer), 11. Aufl.

Lamatsch, J. u. A. Tippe (2016): Raoul Schindler: Eine Biographie. In: C. Spaller, K. Wirnschimmel, A. Tippe, J. Lamatsch, U. Margreiter, I. Krafft-Ebing u. M. Ertl (Hrsg.): Raoul Schindler. Das lebendige Gefüge der Gruppe. Ausgewählte Schriften. Gießen (Psychosozial), S. 15–28.

Lewin, K. (1963): Feldtheorie und Experiment in der Sozialpsychologie. In: D. Cartwright (Hrsg.): Feldtheorie in den Sozialwissenschaften. Bern (Hans Huber), S. 168–191.

Majce-Egger, M. (1999): Interventionstechniken. In: dies. (Hrsg.): Gruppentherapie und Gruppendynamik – Dynamische Gruppenpsychotherapie. Theoretische Grundlagen, Entwicklungen und Methoden. Wien (Facultas), S. 255–270.

Majce-Egger, M. (2008): Ein Gespräch mit Raoul Schindler. *Gruppenpsychotherapie und Gruppendynamik* 44 (1): 27–32.

Neuberger, O. (2002): Führen und führen lassen. Ansätze, Ergebnisse und Kritik der Führungsforschung. Stuttgart (Lucius & Lucius/UTB).

Pechtl, W. (1995): Zwischen Organismus und Organisation. Wegweiser und Modelle für Berater und Führungskräfte. Linz (Veritas).

Rappich, J., N. Meister u. V. Hochgatterer (2022): Angewandte Rangdynamik: Über die Gruppendynamik am Berg. *Bergundsteigen Magazin* 118. Verfügbar unter: https://www.bergundsteigen.com/artikel/angewandte-rangdynamik-2/ [31.1.2024].

Sader, M. (2002): Psychologie der Gruppe. Weinheim/München (Beltz Juventa), 8. Aufl.

Schindler, R. (1954): Über gesetzmäßige Beziehungen vom Erlebnisinhalt zur Erlebnisform in der Schizophrenie. *Wiener Zeitschrift für Nervenheilkunde und deren Grenzgebiete* 10 (2): 195–230.

Schindler, R. (1955): Übertragungsbildung und Übertragungsführung in der Psychotherapie mit Schizophrenen. In: C. Spaller, K. Wirnschimmel, A. Tippe, J. Lamatsch, U. Margreiter, I. Krafft-Ebing u. M. Ertl (Hrsg.) (2016): Raoul Schindler. Das lebendige Gefüge der Gruppe. Ausgewählte Schriften. Gießen (Psychosozial), S. 79–85.

Schindler, R. (1957a): Grundprinzipien der Psychodynamik in Gruppen. In: C. Spaller, K. Wirnschimmel, A. Tippe, J. Lamatsch, U. Margreiter, I. Krafft-Ebing u. M. Ertl (Hrsg.) (2016): Raoul Schindler. Das lebendige Gefüge der Gruppe. Ausgewählte Schriften. Gießen (Psychosozial), S. 105–112.

Schindler, R. (1957b): Soziodynamik der Krankenstation. In: C. Spaller, K. Wirnschimmel, A. Tippe, J. Lamatsch, U. Margreiter, I. Krafft-Ebing u. M. Ertl (Hrsg.) (2016): Raoul Schindler. Das lebendige Gefüge der Gruppe. Ausgewählte Schriften. Gießen (Psychosozial), S. 113–123.

Schindler, R. (1957c): Über die grundsätzliche Stellung der Psychotherapie bei Psychosen. *Acta Psychotherapeutica* 5 (2–4): 147–155.

Schindler, R. (1957d): Zehn Jahre bifokale Gruppentherapie. In: W. A. Stoll (Hrsg.): Congress Report 2. Internationaler Kongress für Psychiatrie, Sept. 1957. Zürich (Orell Füssli), S. 379–386.

Schindler, R. (1958a): Ergebnisse und Erfolge der Gruppenpsychotherapie mit Schizophrenen nach der Methode der Wiener Klinik. *Wiener Zeitschrift für Nervenheilkunde und deren Grenzgebiete* 15 (1–4): 250–261.

Schindler, R. (1959): Der soziodynamische Aspekt in der »Bifokalen Gruppentherapie«. In: C. Spaller, K. Wirnschimmel, A. Tippe, J. Lamatsch, U. Margreiter, I. Krafft-Ebing u. M. Ertl (Hrsg.) (2016): Raoul Schindler. Das lebendige Gefüge der Gruppe. Ausgewählte Schriften. Gießen (Psychosozial), S. 125–136.

Schindler, R. (1960a): Das psychodynamische Problem beim sogenannten schizophrenen Defekt. In: C. Spaller, K. Wirnschimmel, A. Tippe, J. Lamatsch, U. Margreiter, I. Krafft-Ebing u. M. Ertl (Hrsg.) (2016): Raoul Schindler. Das lebendige Gefüge der Gruppe. Ausgewählte Schriften. Gießen (Psychosozial), S. 143–158.

Schindler, R. (1960b): Fortschritte der Psychotherapie. In: H. Hoff (Hrsg.): Therapeutische Fortschritte in der Neurologie und Psychiatrie. Wien (Urban & Schwarzenberg), S. 341–364.

Schindler, R. (1960c): Über den wechselseitigen Einfluss von Gesprächsinhalt, Gruppenposition und Ichgestalt in der analytischen Gruppentherapie. *Psyche* 14: 382–392.

Schindler, R. (1961): Der Gruppentherapeut und seine Position in der Gruppe. In: C. Spaller, K. Wirnschimmel, A. Tippe, J. Lamatsch, U. Margreiter, I. Krafft-Ebing u. M. Ertl (Hrsg.) (2016): Raoul Schindler. Das lebendige Gefüge der Gruppe. Ausgewählte Schriften. Gießen (Psychosozial), S. 159–167.

Schindler, R. (1962): Rangordnung, Rolle, Funktionswert und dynamische Position in der Gruppe. Studientagung für Gruppendynamik, 7.-12. Mai 1962 in Baden bei Wien (unveröff. Vortragsmanuskript.

Schindler, R. (1964): Personalisation der Gruppe. In: C. Spaller, K. Wirnschimmel, A. Tippe, J. Lamatsch, U. Margreiter, I. Krafft-Ebing u. M. Ertl (Hrsg.) (2016): Raoul Schindler. Das lebendige Gefüge der Gruppe. Ausgewählte Schriften. Gießen (Psychosozial), S. 169–182.

Schindler, R. (1966): Zur Pathologie der fixierten Gruppenpositionen. *Excerpta Medica International Congress Series* 150: 2781–2794.

Schindler, R. (1967): Die Bedeutung der Soziodynamik für die Gruppenpsychotherapie. In: K. Höck (Hrsg.): Gruppenpsychotherapie in Klinik und Praxis. Jena (VEB Gustav Fischer), S. 79–85.

Schindler, R. (1968a): Die Rangordnungsdynamik im Aspekt der Wiener Forschungen. *Medical Tribune* (Ausg. für Deutschland) 3 (Beiheft 45): 9–10.

Schindler, R. (1968b): Was lehrt uns die Gruppenerfahrung für das Verständnis der Psychodynamik bei schizophrenen Psychosen? In: C. Spaller, K. Wirnschimmel, A. Tippe, J. Lamatsch, U. Margreiter, I. Krafft-Ebing u. M. Ertl (Hrsg.) (2016): Raoul Schindler. Das lebendige Gefüge der Gruppe. Ausgewählte Schriften. Gießen (Psychosozial), S. 201–211.

Schindler, R. (1969): Das Verhältnis von Soziometrie und Rangordnungsdynamik. In: C. Spaller, K. Wirnschimmel, A. Tippe, J. Lamatsch, U. Margreiter, I. Krafft-Ebing u. M. Ertl (Hrsg.) (2016): Raoul Schindler. Das lebendige Gefüge der Gruppe. Ausgewählte Schriften. Gießen (Psychosozial), S. 213–219.

Schindler, R. (1970a): »Pars pro Toto« als Funktion in gruppendynamischer Sicht. In: C. Spaller, K. Wirnschimmel, A. Tippe,

J. Lamatsch, U. Margreiter, I. Krafft-Ebing u. M. Ertl (Hrsg.) (2016): Raoul Schindler. Das lebendige Gefüge der Gruppe. Ausgewählte Schriften. Gießen (Psychosozial), S. 221–229.

Schindler, R. (1970b): Drei-Tage-Training Alpbach. Sensitivity-Training als zielgerichtete Fortbildung. *Gruppenpsychotherapie und Gruppendynamik* 3: 260–265.

Schindler, R. (1971): Krise der Gruppe – Beratung durch die Gruppe. In: C. Spaller, K. Wirnschimmel, A. Tippe, J. Lamatsch, U. Margreiter, I. Krafft-Ebing u. M. Ertl (Hrsg.) (2016): Raoul Schindler. Das lebendige Gefüge der Gruppe. Ausgewählte Schriften. Gießen (Psychosozial), S. 231–240.

Schindler, R. (1974): Bifokale Gruppentherapie und Familientherapie. In: E. Pakesch (Hrsg.): Die Familie als Patient. Graz (Akademische Verlagsanstalt), S. 143–151.

Schindler, R. (1976): Bifokale Familientherapie. In: H. E. Richter, H. Strotzka u. J. Willi (Hrsg.): Familie und seelische Krankheit. Hamburg (Rowohlt), S. 216–235.

Schindler, R. (1978): Gruppenpsychotherapie an psychiatrisch-klinischen Stationen oder vom Kurhaus zur Gegenfamilie. In: C. Spaller, K. Wirnschimmel, A. Tippe, J. Lamatsch, U. Margreiter, I. Krafft-Ebing u. M. Ertl (Hrsg.) (2016): Raoul Schindler. Das lebendige Gefüge der Gruppe. Ausgewählte Schriften. Gießen (Psychosozial), S. 249–258.

Schindler, R. (1991): Zur Optimierung des Chaos. In: C. Spaller, K. Wirnschimmel, A. Tippe, J. Lamatsch, U. Margreiter, I. Krafft-Ebing u. M. Ertl (Hrsg.) (2016): Raoul Schindler. Das lebendige Gefüge der Gruppe. Ausgewählte Schriften. Gießen (Psychosozial), S. 285–293.

Schindler, R. (1992): Zum Vokabular von Gruppenorganisation und Rangdynamik. Beiblatt zu einem Vortrag anlässlich der ÖAGG-Tagung in Goldegg (unveröff. Tagungsunterlage).

Schindler, R. (1993): Interventionen in kritischen Situationen. In: C. Spaller, K. Wirnschimmel, A. Tippe, J. Lamatsch, U. Margreiter, I. Krafft-Ebing u. M. Ertl (Hrsg.) (2016): Raoul Schindler. Das lebendige Gefüge der Gruppe. Ausgewählte Schriften. Gießen (Psychosozial), S. 305–319.

Schindler, R. (1999): Rangdynamik in Anwendung. In: M. Majce-Egger (Hrsg.): Gruppentherapie und Gruppendynamik – Dynamische Gruppenpsychotherapie. Theoretische Grundlagen, Entwicklungen und Methoden. Wien (Facultas), S. 271–286.

Schindler, R. (2007): Die Wurzeln der Psychiatriereform. Ein Gespräch von Peter Pawlowsky mit Raoul Schindler, dem Gründer von pro mente. In: C. Spaller, K. Wirnschimmel, A. Tippe, J. Lamatsch, U. Margreiter, I. Krafft-Ebing u. M. Ertl (Hrsg.) (2016): Raoul Schindler. Das lebendige Gefüge der Gruppe. Ausgewählte Schriften. Gießen (Psychosozial), S. 335–340.

Schindler, R. (2008): »Mit dem Omega sind wir ja auch heut' zutage noch nicht gut beisammen!« In: C. Spaller, K. Wirnschimmel, A. Tippe, J. Lamatsch, U. Margreiter, I. Krafft-Ebing u. M. Ertl (Hrsg.) (2016): Raoul Schindler. Das lebendige Gefüge der Gruppe. Ausgewählte Schriften. Gießen (Psychosozial), S. 341–345.

Schindler, S. (1958): Gespräch über Gruppen, deren Struktur und Dynamik. *Jahrbuch für Psychologie und Psychotherapie* 5 (3/4): 341 f.

Über die Autorinnen

© Andreas Balon

Andrea Tippe, MSc; Lehramtsstudium für Deutsch, Geschichte und Sozial-Wirtschaftskunde; Gruppendynamiktrainerin und Group-Worker^{in} (ÖAGG), Lehrsupervisorin (ÖVS/ANSE), Personal- und Organisationsentwicklerin (Donau Universität Krems); Lektorin in universitären Management- und Beratungsausbildungen; Vorsitzende der Aktionsforschung Linz – Verein für Gruppendynamik und partizipative Forschung; Veröffentlichungen zu Aktionsforschung, Gruppendynamik, Supervision/Coaching und Organisationsentwicklung.

© Andreas Balon

Christina Spaller, Dr.^{in}; Studium der Theologie und Religionspädagogik; Gruppendynamiktrainerin und Group-Worker^{in} (ÖAGG); Professorin an der Pädagogischen Hochschule Oberösterreich mit Schwerpunkten in den Bereichen Inklusive Bildung mit Fokus auf soziokulturelle Differenzen sowie Soziodynamik und Gruppendynamik. Mitglied der Aktionsforschung Linz – Verein für Gruppendynamik und partizipative Forschung; Veröfffentlichungen zu Aktionsforschung, Gruppendynamik und soziokulturellen Differenzen.